国際租税の理論と課題

田井 良夫 著

INTERNATIONAL TAX ACCOUNTING

税務経理協会

はしがき

グローバル経済化の進展に伴い国際競争が激化する中，グローバル経済戦略の下で日本企業の競争力を強化し，国際資金移動の制約を除去し，海外収益が国内に還流する仕組み作りのために，その政策の一環としての国外所得免除制度(1)をより推進することはできないか，さらにこれにより，今日における国際的租税回避の問題を少しでも減らすことはできないか，という命題の下に筆者は本研究を進めた。

本書は，拙著『国際的二重課税の排除の研究－外国子会社配当免除制度への転換の検討を中心として－』（税務経理協会，2010）の続編として，国内法及び租税条約における国際的二重課税排除方法及び国際的租税回避防止方法について，制度の本質と政策の視点からこれらの制度の分析を試み，日本企業の国際競争力の強化と課税権の確保という租税政策に照らして現行制度の問題点を抽出し，その解決方法を探究するという基本姿勢で書き進めている。

---

(1) 国外所得免除制度への移行論は，現状の居住地主義に基づく全世界所得課税と，源泉地主義のハイブリッドな税制から，源泉地主義に向かう国際課税改革であるため，「国際的な租税競争」と「多国籍企業の所得移転」の両方の問題を解決することはできず，国外所得免除制度は，むしろこのような問題を悪化させるとの反対意見も多いかと思われる。しかしながら，国外所得免除制度は経済のグローバル化に対応するための国際課税改革としては望ましい方向性と評価される一面もあり議論の余地は十分にあると考える。

居波邦泰氏は，税源浸食又は国際的二重非課税の観点からは，多国籍企業がタックス・ヘイブンの国・地域に設立した統括会社から国外所得免除制度の国に所得を移転させることで，合法的に租税回避を可能とする国際的タックス・スキームを，国外所得免除制度のほうがより容易に組成できるということが想定されるが，全世界所得課税制度の国においても，国外所得免除制度の国が存在することで国際的な租税回避を組成することができる（ダブルアイリッシュ&ダッチサンドイッチ等）と述べ，国際課税方式の妥当性は税源浸食又は国際的二重非課税を容易に組成させるという性質から判断すべきであるとは言えない。重要なことは，それらを的確に防ぐことができる新たな対応又は現行の国際課税原則の見直しをどう行うかということであると述べている。居波邦泰『国際的な課税権の確保と税源浸食への対応－国際手的二重非課税に係る国際課税原則の再考－』（中央経済社，2014），336～338頁。

本研究の主要論点である国際的二重課税の排除方法については，OECDモデル条約第23条は(A)国外所得免除制度と(B)外国税額控除制度の選択肢を認めている。日本は国内法において外国税額控除制度を定めていることから，これを踏まえた租税条約における国際的二重課税の排除方法も，外国税額控除制度を採用している。日本では，判例もあるが，学説では外国税額控除制度は法人税法及び所得税法の本法に規定されており，租税特別措置法に規定されていないため政策税制ではないという説もある。しかし，アメリカでは資本輸出中立性と資本輸入中立性のいずれかを重視した国際租税法がアメリカにとって有益であるかという命題の下，外国税額控除制度か国外所得免除制度かを政策決定することが重要な課題とされている。

なお，この租税政策の選択肢となる研究は，アメリカ・ミシガン大学ロースクールAvi-Yonah教授の研究が有名である。また，アメリカの国外所得免除制度への移行論については，筆者の師匠である本庄資教授がいち早く日本に紹介し，その中で，アメリカの国際租税制度の大転換が行われた場合における日本の税制への影響を示唆している。

本研究においては，国外所得免除制度の推進を考えた場合，全ての国外所得を免除とするのは現時点では難しいと考えるが，政策論として，特定種類（利子，配当，使用料等）の国外所得取引のみを免除とする方法や，国外所得を事業所得と投資所得に区分し，事業所得については国外所得免除方式，投資所得については外国税額控除方式を採用する方法などを取り上げている。

特に，特定種類の国外所得取引を免除とする方法として，「配当」については，外国子会社配当益金不算入制度により実施されており，現行では持株割合が25%以上の場合に適用となっているが，経済的二重課税の排除を重要視すると持株割合が10%以上の場合に，外国子会社配当益金不算入制度を適用することも検討に値するのではないかと提案している。

また，「利子」については，受取利子の益金不算入を提案している。なぜならば，支払利子に関しては過少資本税制及び過大支払利子税制により，一定の損金算入を制限しているためである。これを一歩進み，国外取引にかかる「国外関連者受取利子益金不算入」及び「国外関連者支払利子損金不算入」制度を考えている。

さらに,「使用料」については,受取使用料の益金不算入を提案している。そもそも我が国の使用料は,受取りと支払いのどちらが多いのかを考慮し,またどこの国への支払いが多いのかを考えれば租税回避防止策にも繋がるのではないだろうか。これにより,国外取引にかかる「国外関連者受取使用料益金不算入」及び「国外関連者支払使用料損金不算入」制度の導入となれば,国外所得免除制度へ一気に進展することとなると考える(2)。

これら新制度の導入により,究極的には,移転価格税制の無形資産に関する使用料の問題はなくなり,過少資本税制や過大支払利子税制の問題もなくなるのではないかと考えている。その他の国際的租税回避スキームには,取引アプローチのタックス・ヘイブン対策税制,無形資産の譲渡取引には移転価格税制での対応が重要となり,これをBEPS問題と同様に全世界ベースでできれば,二重非課税の問題も避けられると考える。また,新制度が全世界ベースでの採用が難しいのであれば,リンキング・ルール(3)の採用により対応し,二重非課税問題を引き起こさないようにする必要がある。

新制度の効果として考えられるのは,関連者への支払利子及び支払使用料が受取りよりも多ければ損金不算入の方が多くなり,結果として税収は増加し,海

---

(2) 米国では,2018年1月1日より新たにグローバル無形資産低課税所得(Global Intangible Low-taxed Income,以下「GILTI」)への課税制度が設けられている(IRC951A)。GILTIは,海外子会社(Controlled Foreign Corporation,以下「CFC」)のSubpartF所得と同様に,GILTI所得を米国株主において合算課税するという制度である。合算の対象となるGILTI所得は,海外子会社が無形資産を保有していない場合や,軽課税国に所在していない場合でもあっても,GILTIの計算の結果,GILTI課税の対象となる可能性もある。

また,外国源泉の無形資産関連所得(Foreign-derived Intangible Income deduction,以下「FDII」)については,米国法人が米国外で稼得したとみなされる一定の所得について37.5%の所得控除を認める制度も創設している(IRC250)。

上記の創設が最近であるため,本書での検討は行っていないが,米国のGILTIとFDIIは,国外取引にかかる「国外関連者受取使用料益金不算入」及び「国外関連者支払使用料損金不算入」制度と制度こそは異なるが,政策理念は同義の発想であると考え,その効果等を今後研究していきたいと考える。

(3) リンキング・ルールとは,他国の租税の取扱いに自国の租税の取扱いをリンクさせる国内法のことである。財務省「税制調査会(国際課税DG③)〔BEPSプロジェクトの進捗状況について〕」平成26年4月4日,5頁。

外収益が国内に還流しやすくなるため，日本経済にプラスの効果を与え，さらにグローバル経済戦略の下での日本企業の競争力を強化できるのではないかと考えている。

また，新型コロナウイルス感染症の感染拡大の収束後における日本の経済対策としては，グローバル企業が無形資産により国外で獲得した利益を，国外から日本へ使用料で資金を還流し，これを国内総生産に充てることにより，内需を拡大し，またこれにより無形資産を生み出すことができれば，さらに使用料の受け取りが増加することも可能になるのではないかと考える。この場合に有効であると考えるのは，パテント・ボックス税制(4)である。最近では，米国においても外国源泉の無形資産関連所得（Foreign-derived Intangible Income deduction「FDII」）については，米国法人が米国外で稼得したとみなされる一定の所得について37.5%の所得控除を認める制度を導入している（IRC250）。今こそ，租税政策としてパテント・ボックス税制を導入すべきではなかろうか。「知財大国」である日本が，このパテント・ボックス税制という優遇税制を導入することにより，アウトバウンドでの収入を，国内の人材育成に活用することができ，中小企業も含めた内需の拡大につながれば，経済活性化の一端を担うことができるのではないかと考える(5)。

なお，本研究では，これらの制度の導入に伴って生じるであろう新たなスキームやストラクチャーを考慮し，現行の国際課税問題(6)やBEPS行動計画とあわせて，移転価格税制，過少資本税制及び過大支払利子税制，タックス・ヘイブン対策税制などの国際課税の課題を再検討し，さらに国際的租税回避防止策もあわせて検討している。本書では，国際租税法改革の方向性を提唱するとともに，これに伴い発生することが予想される国際的租税回避行為の防止に関する検討を行い，国内所得を軽課税国に所在する外国子会社等に移転するインセンティブが働くため移転価格課税の強化，これによって国際的経済的二重課税

(4)　パテント・ボックス税制とは，多国籍企業の無形資産（知的財産や知的財産権，ノウハウなど）を諸外国から招き入れ，自国内に維持し，法的保護を与え，パテントを保有し，これを商業化・市場化することを促進するため，特別な軽減税率又は実効税率を軽減するための所得控除を認める税制をいう。本庄資・田井良夫・関口博久『国際租税法－概論－（第4版）』（大蔵財務協会，2018），197～198頁。

が発生する問題を解決する方法と移転価格課税を回避するために多様な事業体が用いられる場合における課税制度の明確化の必要性について検討している。また，タックス・ヘイブン対策税制の意義，趣旨目的を再確認し，統括会社やパテント・ボックス税制による税の競争となる租税誘因措置との関連も検討し，その裏をかくコーポレート・インバージョンに対して実質管理支配地基準の導入を主張している。さらに，BEPS 政策パッケージの国内法整備の課題，租税回避の定義と，一般的租税回避否認規定及び義務的開示制度の必要性も研究している。

本書は，筆者が国士舘大学大学院では経済学研究科で経済政策アプローチ，千葉商科大学大学院では商学研究科で会計学アプローチ，名古屋経済大学大学院では法学研究科で法学アプローチ，そしてまた千葉商科大学大学院にて経済学

---

(5) 新型コロナウイルス感染症の感染拡大の収束後の経済対策の租税政策としては，法人税については，「パテント・ボックス税制」による優遇税制を創設し，これとあわせて企業には人材育成にかかる「所得拡大促進税制の拡充」，「寄附金の損金算入額の拡充」が必要であり，個人の所得税については「所得税減税」さらに，「寄附金控除及び寄附金税額控除の拡充」，外国人赴任者については「所得税の減免（30%ルーリング）」などの導入の検討が必要である。また，消費税については「給付付き税額控除制度」の導入，又は「税率の減税」及び「軽減税率の減税」，「軽減税率品目の拡大」など，税目も多岐にわたり総合的な検討が喫緊の課題であろう。

なお，令和２年４月 20 日に閣議決定された「新型コロナウイルス感染症緊急経済対策における税制上の措置」では，新型コロナウイルス感染症の我が国社会経済に与える影響が甚大なものであることに鑑み，感染症及びその蔓延防止のための措置の影響により厳しい状況に置かれている納税者に対し，緊急に必要な税制上の措置を講ずることとしている。具体的には，納税の猶予制度の特例，欠損金の繰戻しによる還付の特例，テレワーク等のための中小企業の設備投資税制，文化芸術・スポーツイベントを中止等した主催者に対する払戻請求権を放棄した観客等への寄附金控除の適用，住宅ローン控除の適用要件の弾力化，消費税の課税事業者選択届出書等の提出に係る特例，特別貸付けに係る契約書の印紙税の非課税である。

(6) デジタル課税の問題については，どこの国で課税するかといった PE の問題が重要な問題となるが，活動の拠点として，現地子会社がある場合も多いのではないかと思われる。この場合，現地子会社でコミッショネア取引がある場合には，コミッショネア取引の計算方法などから，取引アプローチでの CFC 税制で課税する方法や，移転価格税制の定式配分方式での課税が考えられる。現在の BEPS での議論とあわせて，今後も引き続き検討していきたい。

研究科及び会計ファイナンス研究科にて教鞭を執りながら共に学び，多年にわたり一貫して研究をしてきた結晶としての集大成である。特に，筆者の師匠である本庄資教授には多年にわたりご指導いただき，心から感謝を申し上げたい。残念ながら，一昨年の9月20日に亡くなられたが，本書を捧げたい一心で執筆した。その他多くの方々のご指導，ご助言があって本書をまとめることができたことを，心から感謝したい。

最後に，本書の刊行に当たりご尽力いただいた税務経理協会の大川晋一郎氏をはじめ関係諸氏に対し心からお礼を申し上げたい。

令和２年４月

田井　良夫

目　次

第８章　海外勤務の源泉徴収実務において国際的二重課税となった場合の対応法（183日ルールの導入の検討）…… 149

第１章

「全世界所得課税＋外国税額控除」と「国外所得免除」の選択

本研究の目的及び問題の所在

本章で研究する国際的二重課税の排除方法については，OECDモデル条約第23条は(A)国外所得免除制度（片務的排除方法）と(B)外国税額控除制度（双務的排除方法）の選択肢を認めている。

日本では，外国税額控除制度は法人税法及び所得税法の本法に規定されており，租税特別措置法に規定されていないため政策税制ではないという説もあるが，アメリカでは資本輸出中立性[(1)]と資本輸入中立性[(2)]のいずれかを重視した国際租税法がアメリカにとって有益であるかという命題は，重要な政策課題とされている[(3)]。

日本は国内法において外国税額控除制度の片務的規定を定めていることから，これを踏まえた租税条約における国際的二重課税排除の救済方法を定める規定も，外国税額控除制度を採用しており，国内法の確認規定となっている。

しかし，平成21年度税制改正により，外国子会社配当益金不算入制度（法人税法23条の2）を導入し，外国税額控除制度と国外所得免除制度の併用方式を採用した。

本章においては，日本における「全世界所得課税＋外国税額控除制度」と「国外所得免除制度」の選択を検討し，国外所得免除制度への転換を研究する。

⑴ 資本輸出中立性とは，自国企業の税負担が国内投資と外国投資で差を生じないようにすべきであるという考えにより外国税額控除による自国企業の国際競争力の維持を図る原則である。本庄資『国際租税法（4訂版）』（大蔵財務協会，2005），28頁。

⑵ 資本輸入中立性とは，国内に投資するどの国の企業の税負担も同等であるべきだという考えにより同一市場における国際競争の中立性を保つ原則である。本庄資『国際租税法（4訂版）』（大蔵財務協会，2005），28頁。

⑶ 本庄資「国外所得免除方式と全世界所得課税・外国税額控除方式の選択」本庄資編著『租税条約の理論と実務』（清文社，2008），479頁。

第1節　外国税額控除制度と国外所得免除制度の選択

国際的二重課税の排除制度について，外国税額控除制度を採用していたアメリカやイギリスにおいても，近時，国外所得免除制度や海外子会社配当免除制度などが導入されている。こうした改正は，国際的な資金循環の現状等を背景に資本輸出国の視点に立ち，全世界所得課税を前提に国際的二重課税を排除する制度を修正しようと試みるものである。このような諸外国の動向についても注視していくことが重要である(4)。

1．アメリカにおける国外所得免除方式の検討

ブッシュ大統領は，2005年1月7日に大統領税制改革諮問委員会を設置し，同委員会は2005年11月1日に財務省に最終報告書(5)を提出した。

国外所得免除方式への移行の提案の概要は，下記の通りである(6)。

①現状認識

1) 全世界所得課税の問題点

・海外子法人の所得は米国親法人に配当されるまで課税されないため，事実上の課税繰延となっている。

・企業には配当せずに海外に所得留保するインセンティブを与え，事業や投資判断を歪めている。

---

(4)　政府税制調査会「抜本的な税制改革に向けた基本的考え方」（2007年11月），19頁。

(5)　The President's Advisory Panel on Federal Tax Reform, *Simple, Fair, & Pro-Growth: Proposals to Fix America's Tax System* (Final Report － November 2005).

(6)　政府税制調査会，2007年10月12日企画17-6「参考資料－米国大統領税制改革諮問委員会の提案の概要（国外所得免除方式関連部分）－」より作成。

なお，浅妻章如「国外所得免除（又は仕向地主義課税）移行論についてのアメリカの議論の紹介と考察」フィナンシャル・レビュー2006年第5号，152～164頁，本庄資『アメリカの租税政策』（税務経理協会，2007）189～217頁，においてもこのアメリカの検討が詳しくまとめられている。

2) 外国税額控除制度の問題点

・軽課税の所得と高課税の所得を同時に配当してくることにより，限度額の回避が可能となっている。

・制度が複雑であることや控除額が企業の国外所得の状況に依拠していることから，ある企業にとっては税負担が過大となったり，他の企業は自助により税負担を軽減できたりしている。

②解決策

・国外所得を，事業所得と投資所得に区分し，事業所得については国外所得免除方式，投資所得については外国税額控除方式を採用する。

・国外所得免除方式が適用される場合には，米国所得を，より軽課税国所在の子会社に移転するインセンティブが働くため，移転価格税制の執行にさらに注力する。

本庄資教授は，アメリカの国際租税制度の大転換が行われた場合の影響を下記のように示唆していた(7)。

①米国租税条約の改正，②国際的二重不課税の排除の必要性，③米国事業体の分類の変更，④ソース・ルールの明確化，⑤ソース・ルールへの租税回避スキームの重点の傾斜，⑥能動的事業区分とパッシブ取引との区分，⑦金融取引，⑧損失の取扱い，⑨米国側における移転価格課税の強化，⑩米国ベース多国籍企業のタックス・ヘイブンの活用，⑪日本のタックス・ヘイブン対策税制の見直し。

なお，このブッシュ政権で立ち上げた大統領税制改革諮問委員会は，国外所得免除方式への切替などを示唆しているが，アメリカ課税における①外国損失の遮断，②外国税ミックスによる高税率外国税の救助ができなくなること，③外国からの利益償還には「配当」以外の方策を利用する「自助行為（self-help）(8)」により二段階課税はすでに回避できるので，国外所得免除制度でなくても特に不便がある訳でないこと，などから，経済界は必ずしも国外所得免除方式への

(7)　本庄資「ブッシュ政権の租税政策－外国投資政策(2)－全世界所得課税から領土主義への転換－」税経通信 2006 年４月号，162 ～ 164 頁。

切替に単純に賛成していなかった(9)。

2．アメリカの外国配当免除制度の選択

2018 年 1 月 1 日以降の外国子会社からの配当が原則免税となった。対象となる国外子会社は米国法人が直接及び間接的に 10%以上保有する外国子会社（10%外国子会社）であり，配当権利落ち日前後およそ 2 年間のうち最低 1 年間継続保有することが条件となる。

これまでは，日系企業にとっての外国持株会社はオランダが一般的であったが，アメリカの同改正により，米国子会社を外国持株会社とするストラクチャーも検討されよう。

3．外国子会社配当免除

国際的経済的二重課税の排除は，後述する EU 加盟国における参加免除のように，法人株主の外国子会社からの受取配当の益金不算入によって行われる制度もある。

ドイツ，オーストリア，フランス，ベルギー，ルクセンブルグ，ノルウェー，スウェーデン，フィンランドなどは，二重課税の排除のために外国税額控除制度と国外所得免除制度との組合せを認める。環太平洋の代表的な国であるオーストラリアでは，一定の所得（勤労所得，一定の配当，特定国にある支店からの所得，公認海外プロジェクトからの所得，生命保険会社の外国所得）につき免除とし，その他の全ての外国所得につき税額控除を認める。ただし，外国所得を三種類の所

(8) 「自助行為」については，本庄資教授によれば，「納税者は，海外投資の課税について米国税制の課税繰延と外国税額控除のいずれかを選択できる。そのいずれのアプローチでも，能動的事業所得について領土主義課税と実質的に同様の取扱いが受けられるようタックス・プランニングによる自助行為が行われる。これは，米国法人がその全世界所得に現実に課される税率が毎年変化し，外国活動の範囲やタックス・プランニングの巧拙によって法人ごとに変化する」とされている。本庄資「国外所得免除方式と全世界所得課税・外国税額控除方式の選択」本庄資編著『租税条約の理論と実務』（清文社，2008），491 頁。

(9) 本庄資「米国法人税制（第 6 回）－税額計算－」租税研究 2008 年 8 月 22 日会員懇談会資料，28 頁。

得（パッシブ所得，オフショア・バンキング所得及びその他の所得）に分け，このうちの一種の所得に対する外国税は同種の所得に対する内国税を控除限度としている。ニュージーランドでは，法人の外国子会社からの受取配当や特定の外国年金について免除とし，これ以外の外国所得については外国税額控除を認める(10)。

このように，国外所得免除制度を採用している国でも，投資所得については租税条約上外国税額控除制度を適用する場合がある。これは，源泉地国の軽減税率の適用による「不足税額」相当分を居住地国で回収することによって投資先に対する中立性を維持することを狙うものである(11)。

４．イギリスにおける海外子会社からの配当免除の検討

英国財務省は，国外所得に対する課税に関して議論するための討議用文書「海外利益の課税(12)」を 2007 年７月に公表した。

海外子会社からの配当免除制度への移行の概要は，下記の通りである(13)。

①現状認識

外国税額控除制度の問題点

・特に海外事業の多い大企業にとって，外国税額控除制度は国外所得免除制度よりも複雑であり，企業側の負担も大きい。

・外国税額控除制度は，原理上，資本輸出中立をもたらすが，実際は，海外からの所得の多くは英国に配当されるまで英国で課税されない。

・彼我流用やオフショアでの所得留保などにより，低課税国からの所得から得られる追加的な税収は少ない。

(10) 本庄資『国際租税計画』（税務経理協会，2000），99 頁。

(11) 本庄資『国際租税計画』（税務経理協会，2000），216 頁。

(12) HM Treasury and HM Revenue & Customs, *Taxation of companies' foreign profits*：*discussion document*（June 2007）.

(13) 政府税制調査会，2007 年 10 月 12 日企画 17‐6「参考資料－英国財務省の提案の概要（海外子会社からの配当免除）－」より作成。

②解決策

・大企業の海外子法人（10%以上保有法人）には国外所得免除制度を適用（受取配当を益金不算入）。

・濫用防止のため，海外子会社規制（日本の「外国子会社合算税制」に相当）を強化。利子控除にも一定の制限を導入。

この文書において，海外子法人が稼得する所得について，現行の全世界所得課税と外国税額控除の組合せから，国外所得免除方式とする改正が提案され，2008年11月24日のプレ・バジェット（PBR）でイギリスの国外配当免税制度の導入が発表された[14]。

5．イギリスの外国配当免除制度の選択

欧州裁判所における判決への対応や投資立国への政策の一環として，英国政府は，英国以外の子会社からの配当につき，従来の外国税額控除制度に替えて，外国配当免税制度を導入した。当該制度は，2009年7月1日以後に英国以外の外国子会社から受ける配当に対し適用された。附帯する租税回避措置や一定の例外規定はあるが，原則として受取配当は100%免税となるので，本制度の導入により，後述する実質的株式持分免税制度（Substantial Shareholders Exemption）制度と併せて，オランダ等の資本参加免税制度と同等の制度が実質的に英国にも存在することになったといえる。

ただし，本制度は，他国の資本参加免税制度の要件と異なり，一定の株式保有要件を設けていないため，日本のタックス・ヘイブン対策税制の対象とされる可能性がある。

6．EU加盟国の参加免除

参加免除とは，子会社の株式を一定以上保有する親会社に対する支払配当については源泉徴収を免除し，一方親会社が受け取る当該配当についても課税を

---

(14) HM treasury *Pre-Budget Report* 2008*: Facing global challenges: supporting people through difficult times*（24 November 2008），参照。

免除する制度である。これにより二重課税を排除する。EU 加盟国の場合，EC 親子会社指令（parent-subsidiary directive : council directive（90/435/EEC）of 23 July 1990 on the common system of taxation applicable in the case of parent companies and subsidiaries of different member states. なお，発効日は 1992 年 1 月 1 日である）に基づき，国内法により，加盟国の適格法人に支払う配当について源泉徴収は課さない。適格要件としての資本の直接保有割合は 25％以上，保有期間は２年以上とされるが，相互主義により所有割合を 10％以上，保有期間を１年以上とすることがある[15]。

なお，EC 親子間指令により次の要件を満たす場合には，適格 EU 子会社からの配当は，95％を益金不算入とされる[16]。

⑴　親会社が株式会社，有限責任会社，持分パートナーシップ，協同組合又は事業活動を主目的とする公私の事業体であること。

⑵　子会社が指令の要件の定める要件（組織の法形態，租税条約により第三国の居住法人とされたものでないこと，居住地国で納税義務を負うこと）を満たすこと。

⑶　親会社が EU 子会社の資本の 25％以上を１年以上保有すること。

第２節　日本における国外所得免除制度への転換の検討

１．国外所得免除制度への転換の検討

日本では，政府税制調査会の平成 12 年の答申において，「タックス・ヘイブンのように税負担がない，あるいは非常に低い国や地域に源泉がある場合所得が国外所得免除方式によりその所得を稼得する者の居住地国において課税を受けなければ，二重課税の排除にとどまらず課税の空白が生ずることになる。このため，最近の国際的な議論では，国外所得免除方式はタックス・ヘイブンなどによる有害な税の競争を助長するものであり，これを採用する場合でも限定すべきではないか，という指摘がされている[17]」として，国外所得免除制度に

⒂　本庄資『国際的脱税・租税回避防止策』（大蔵財務協会，2004），185 頁。

⒃　本庄資『国際的脱税・租税回避防止策』（大蔵財務協会，2004），192 頁。

⒄　政府税制調査会「わが国税制の現状と課題－ 21 世紀に向けた国民の参加と選択－」（2000 年７月）。

否定的な立場をとっていた。

欧州では，国際的二重課税を排除する方法として，国外所得免除制度を支持する声が比較的強い(18)。企業サイドに立つと，この制度の方が有利になるケースも少なくないが，これは，例えば，子会社が海外で稼得した利益を親会社に配当で還流した場合，親会社の居住地国で外国税額控除制度を採用しているときには，原則として親会社の実効税率で課税され，間接外国税額控除を適用される。しかし，国外所得免除制度の場合には，子会社の実効税率での課税に止めることが可能であるからである。親会社の居住地国の実効税率が子会社の実効税率より高い場合，国外所得免除制度の場合には，税率の差に係る追加課税が生じない分有利であるといえる。その意味で，国外所得免除制度の方が，外国税額控除制度よりも，国外で稼得した資金の本国への還流につながる制度であるともいえるからである(19)。

日本の企業が，世界市場で厳しい国際競争の展開を迫られている状態においては，EU などの企業が自由に利用できる税制上の有利選択の可能性を同様に付与されることが必要ではなかろうか。連結納税制度導入前の日本の税制は，主要国の税制に比して企業集団税制を有しておらず企業形態の選択について非中立的であり，経済効率を阻害していると批判されていた(20)。現在は，日本型連結納税制度の導入により，その批判は和らいでいる。

しかし，多国籍企業のように一国に止まらず広く世界各国に拠点を置く場合には，日本型連結納税制度では税負担に差が生じる。日本型連結納税制度は連結グループのメンバーから外国法人を除外しているが，アメリカではカナダ及

---

(18) ヨーロッパ諸国において国外所得免除制度が採用された主たる理由は，ヨーロッパ諸国においては分類所得税制度が採用されており，一定の種類の所得についてのみ課税し，それ以外の所得について非課税とするという方法が導かれやすかったという事情があったとされる。水野忠恒『国際課税の制度と理論』（有斐閣，2000），14 ～ 15 頁。

(19) 社団法人日本貿易会「外国税額控除制度の改正に関する提言」（2003 年 9 月），2 頁。

(20) 一般に，連結納税制度は，企業グループにとって法人間損益通算と内部取引利益の課税繰延べが主たるメリットとされる損益通算型と各社の欠損を個別に振り替える個別損益振替型に分けられる。本庄資『国際的脱税・租税回避防止策』（大蔵財務協会，2004），203 頁。

びメキシコ所在の100％子会社を連結グループに含め，またEUでは非居住法人にも連結課税を認める国が少なくない。

日本の多国籍企業は，EU加盟国の参加免除制度の多国籍企業と国際競争をするのは，かなりのハンデキャップがあるといわざるを得ない状況である。このままでは，日本の多国籍企業は，日本での課税が厳しいという理由で，EUなどの国外所得免除制度の国に持株親会社を設立することを選択する企業が増加するのではなかろうか。この場合，日本にキャッシュが循環してこなくなり，最悪の場合本社機能までも日本国外に移し，日本企業としての日本での経済効果もなくなってしまうのではなかろうか。

このような日本として最悪な事態を避けるためにも，日本でも政策論として国外所得免除制度導入を検討すべきであろう。

２．日本における国外所得免除制度への転換の提言

日本が国外所得免除制度とする場合には，二通りの導入方法がある。一つ目は，現在日本が行っているように旧租税条約の改正により徐々に免税取引を増やしていく方法である。二つ目は，税制改正により国外所得免除制度とすると国家として宣言する方法である。仮に，国外所得免除制度に改正する場合には，旧来の日本のやり方としては，租税条約の改正により，なし崩し的に免税取引を増やしていき，その後に国外所得免除制度の導入をするといった経緯になるのではないだろうか。しかし，この古い日本流では，日本の多国籍企業の国際競争に悪影響を及ぼし，ひいては日本経済が深刻な状況に追い込まれる恐れもあり得る。日本も政策論として，国外所得免除制度を再検討する時期に来ているのではないかと考える。

なお，国外所得免除制度導入に当たっては，①全ての国外所得を免除とする場合，②能動的（事業）国外所得のみを免除とする場合，③特定種類の国外所得取引のみを免除とする場合との三通りの方法がある。

アメリカでは，国外所得を，事業所得と投資所得に区分し，事業所得については国外所得免除方式，投資所得については外国税額控除方式を採用するとしていて検討していた。一方，イギリスでは，大企業の海外子法人（10％以上保有法人）には国外所得免除制度の適用（受取配当を益金不算入）を採用するとして検

討していた。また，すでに国外所得免除制度を導入しているドイツやフランスにおいても，外国税額控除制度と国外所得免除制度を併用している。これらより検討すると，日本が導入する場合においても，全ての国外所得を免除とするのではなく，特定種類の国外取引のみを免除とし，外国税額控除制度と国外所得免除制度の併用をすることが望ましいのではないだろうか。アメリカの検討では，国外所得を事業所得と投資所得に区分(21)するとあるが，日本においては税法上の事業と投資の区分もされていない状態である。事業と投資の明確な区分を税法上定めることも日本においても当然必要であるが，現時点の日本で導入可能な国外所得免除制度は，いかなるものであろうか。

全ての国外所得を免除とするのは現時点では難しいと考えるが，政策論として，特定種類（利子，配当，使用料等）の国外所得取引のみを免除とする方法や，アメリカの検討のように国外所得を事業所得と投資所得に区分し，事業所得については国外所得免除方式，投資所得については外国税額控除方式を採用する方法など考えられる。

特に，特定種類の国外所得取引を免除とする方法には，現実味がある。まず，「受取配当」については，外国子会社配当益金不算入制度により実施されている。これは，支払配当が損金不算入だったことからしても導入しやすいものであった。なお，外国子会社受取配当益金不算入制度については，現行では持株割合が25%以上の場合に適用となっているが，経済的二重課税の排除を重要視すると持株割合が10%以上の場合に，外国子会社配当益金不算入制度を適用することも検討に値するのではないかと思われる(22)。これにより，国外所得免除制度へとさらに一歩ずつ進んで行くものと考える。

---

(21) アメリカ法人の外国子会社及び外国支店が外国で稼いだ所得については，Foreign Business Income（国外事業所得）と，Mobile Income（可動性所得）という二つのカテゴリーに分類する，とされている。政府税制調査会，2007年10月12日企画17-6「参考資料－米国大統領税制改革諮問委員会の提案の概要（国外所得免除方式関連部分）－」より作成。

なお，浅妻章如「国外所得免除（又は仕向地主義課税）移行論についてのアメリカの議論の紹介と考察」フィナンシャル・レビュー2006年第5号，152～164頁，本庄資『アメリカの租税政策』（税務経理協会，2007）189～217頁においてもこのアメリカの検討が詳しくまとめられている。

この先の検討としては,「受取利子」の益金不算入が考えられる。なぜならば,支払利子に関しては過少資本税制及び過大支払利子税制により，一定の損金算入を制限しているためである。この進化系としては，国外取引にかかる「国外関連者受取利子益金不算入」及び「国外関連者支払利子損金不算入」制度の導入となる。これにより，一歩進んだ国外所得免除制度となるであろう。

また，この続きとしては,「受取使用料」の益金不算入となる。この場合には,支払使用料が損金不算入となるため，多国籍企業からの猛烈な反対が予想される。支払使用料は無形資産に関連し，移転価格税制にも影響があり，一方企業では,無形資産の支払使用料は租税回避スキームの重要なアイテムであろう。そもそも我が国の使用料は，受取りと支払いのどちらが多いのかを考慮し，またどこの国への支払いが多いのかも考慮の上議論を進めていく必要があろう⒇。これにより，国外取引にかかる「国外関連者受取使用料益金不算入」及び「国外関連者支払使用料損金不算入」制度の導入となれば，国外所得免除制度へ一気にドライブすることとなろう。

⑵　外国子会社配当益金不算入制度の重要な論点としては，持株割合が何パーセント以上の場合に適用するのかということである。新日米租税条約では，親子間配当については持株割合が 50%超であれば免税とし,持株割合が 10%以上であれば源泉徴収税率を５%に制限した（新日米租税条約第 10 条２及び３項)。また，新日英租税条約では，親子間配当については持株割合が 50%以上であれば免税とし，持株割合が 10%以上であれば源泉徴収税率を５%に制限した(新日英租税条約第 10 条２及び３項)。新日仏租税条約では，親子間配当については直接持株割合が 15%以上及び直間持株割合が 25%以上は免税とし,持株割合が 10%以上は源泉徴収税率を５%に制限するとしている(新日仏租税条約第 10 条２及び３項)。新日豪租税条約では,親子間配当については持株割合が 80%以上は免税とし,持株割合が 10%以上は源泉徴収税率を５%に制限するとしている（新日豪租税条約第 10 条２及び３項)。新条約においてはどれも制限に若干の差異があることからみても，この問題が最重要課題であることがうかがえる。また，この源泉地国制限税率の設定により，どこまでの経済的二重課税が完全に排除されるのかが決まり，さらにはこのパーセントの設定により，どこまでがアクティブ（事業）でどこからがパッシブ（投資）であるのか,という事業と投資の区分を決定する場合の基本的ラインともなるであろう。

3．国外所得免除制度（外国子会社配当益金不算入制度）導入後の課題

平成21年度税制改正により，外国子会社配当益金不算入制度が創設され，間接外国税額控除制度が廃止されることとなった。改正によって，外国子会社からの受取配当金による国内企業への海外留保資金の還流の促進が期待されている。

また，これに伴いタックス・ヘイブン対策税制も改正されることとなったが，本改正においても，日本のタックス・ヘイブン対策税制の留保所得に対する課税の根拠は,「擬制収益説」又は「擬制配当説」のいずれに因ってなされているものかは必ずしも明確とはなっておらず，依然として議論の余地が残るところである。現行では，タックス・ヘイブン対策税制の趣旨はCFCの留保所得に対する課税繰延防止策としての擬制配当説ではなく，国際的租税回避防止策としての擬制収益説であると解されているようであるが，それでは，タックス・ヘイブン対策税制による防止対象となる「国際的租税回避とは何か」という新たな疑問が生じることとなる。「租税回避」の定義とともに,「国際的租税回避」の定義を早急に定める必要があろう。また，タックス・ヘイブン対策税制のエンティティ・アプローチでの経済的活動基準のさらなる詳細な規定の必要性は，取引アプローチ又はインカム・アプローチによる国際的租税回避防止規定の必要性が求められることとなるであろう。

---

(23) 日本の知的財産権等使用料収支の推移をみると，支払超過国の第一位が軽課税国であるシンガポールであり，第五位が多数の優遇税制を有するオランダであることがわかる。

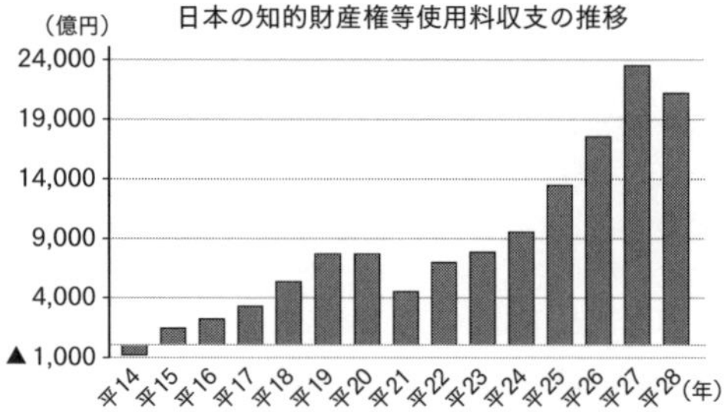

順位	受取超過（2016年）	支払超過（2016年）
1	米　国　(6.539)	シンガポール (2.422)
2	中　国　(4.422)	ドイツ　(207)
3	タ　イ　(3.327)	スウェーデン (161)
4	英　国　(2.096)	フランス　(124)
5	インド　(1.323)	オランダ　(107)

（データ出典）財務省「国際収支統計」

さらに，国際的租税回避目的を立証することは立証責任が課税庁側にある日本においては困難であるため，国際取引に関しては立証責任を納税者に転換する必要性もあるのではないかと考える。

結論

本章においては，日本における外国税額控除制度と国外所得免除制度の選択を検討し，国外所得免除制度への転換を研究した。

外国税額控除制度と国外所得免除制度の選択は，重要な政策課題であり，アメリカやイギリスにおいても検討されている。

日本は平成21年度税制改正により外国子会社配当益金不算入制度を導入し，外国税額控除制度と国外所得免除制度の併用方式となったが，今後も全世界所得課税に伴う外国税額控除制度を中心とした税制を続けていくのか，注目されるところである。

本章で検討したように，全ての国外所得を免除とするのは難しいと考えるが，政策論として，特定種類（利子，配当，使用料等）の国外所得取引のみを免除とする方法や，国外所得を事業所得と投資所得に区分し，事業所得については国外所得免除方式，投資所得については外国税額控除方式を採用する方法など，一部国外所得免除を採用していくことも検討の余地があろう。

次章以降においては，これらの制度の導入に伴って生じるであろう新たなスキームやストラクチャーを考慮し，現行の国際課税問題やBEPS行動計画とあわせて，移転価格税制，タックス・ヘイブン対策税制のなどの国際課税の課題を再検討し，さらに国際的租税回避防止策もあわせて検討していく。

日本の近年における外国税額控除の改正の概要

平成21年 (2009年)	外国子会社配当益金不算入制度の創設に伴い，間接外国税額控除制度が廃止された。
平成23年 (2011年)	日本の法人実効税率が約35%となったことを背景として，外国法人税の税率が35%を超える部分を控除対象となる外国法人税から除外する（従前は50%）。また，外国税額控除制度における控除枠の彼此流用問題に対してさらなる適正化を図る観点から，国内源泉所得以外の所得の中に外国法人税が課されないもの（非課税国外所得）がある場合には，控除限度額の算定上，当期の国外所得金額からその全額を除外する（従前は３分の２を除外）等の改正がされた。
平成26年 (2014年)	国外源泉所得課税の基本的な考え方が従前の総合主義から帰属主義に変更されたことを受けて，外国税額控除制度についても国外所得金額や控除限度額の計算方法が見直された。
平成27年 (2015年)	外国子会社配当益金不算入制度について，一部の外国の法令により外国子会社の所得の金額の計算上，損金の額に算入される配当があり，そのような配当の支払いを受けた内国法人においては当該制度により益金に算入されず課税されない場合には国際的な二重非課税が生じることを踏まえて，そのような配当について当該制度の対象から除外することとされた。
令和元年 (2019年)	外国税額控除の対象とならない外国法人税の額について，内国法人に対する配当等の支払いがあったものとみなして課される一定の外国法人税の額が追加された（法人税法施行令142の２第７項５号）。 個人の外国税額控除に係る控除限度額の計算の基礎となる調整国外所得金額が以下のように見直された。 イ　年の中途において非居住者から非永住者となった場合の外国税額控除に係る控除限度額の計算の基礎となる調整国外所得金額について，純損失の繰越控除又は雑損失の繰越控除の規定を適用しないで計算した場合の非永住者期間内において生じた国外所得金額のうち，国内において支払われ，又は国外から送金された国外源泉所得に係る部分に限ることとされた（所得税法施行令258条４項１号ロ）。 ロ　上場株式等の譲渡損失の繰越控除の適用がある場合の外国税額控除に係る控除限度額の計算の基礎となる「上場株式等に係る配当所得等の金額及び上場株式等に係る譲渡所得等の金額に係る国外所得金額」等について，上場株式等に譲渡損失の繰越控除等を適用しないで

	計算した場合の国外所得金額とすることとされた（租税特別措置法施行令25条の11の２第20項，25条の12の２第24項，26条の26第11項）。
令和２年 (2020年)	国際的な租税回避・脱税への対応について，子会社配当の非課税措置と子会社株式の譲渡を組み合わせた税務上の譲渡損失を創出する租税回避に対し，配当益金不算入制度の適用を受けて非課税とされる金額を子会社株式の帳簿価額から引き下げる等の見直しが行われた（租税特別措置法施行令９条，９条の２，119条の３）。 外国税額控除における控除対象外国税額の範囲については，我が国で所得と認識されない金額に対して課されるものとして外国税額控除の対象から除外される外国法人税の額に加えるとして，範囲が見直された。 ①　外国法人等の所得について，これを内国法人の所得とみなして当該内国法人に対して課される外国法人税の額 ②　内国法人の国内事業所等において，当該国外事業所等から本店等又は他の者に対する支払金額等がないものとした場合に得られる所得につき課される外国法人税の額

第2章

移転価格操作と国際収支統計
（在外資産の現状からみた移転価格問題）

本研究の目的及び問題の所在

近時，経済の自由化及びグローバル化，日本での低金利等を背景に，海外資産への投資が増加している(1)。このような背景の下，日本において適正な課税を行うためには，在外資産の現状を正確に把握することが必要不可欠である。

本研究においては，在外資産の現状を国際収支統計より考察し，はたして現在の日本の国際収支統計による資料は在外資産を正確に把握することができているのかどうかを検討する。その上で，当該在外資産の現状の資料をもとに，在外資産の帰属と移転価格課税問題を検討し，在外資産の正確な捕捉の必要性と税制上の整備の方向性を検討することを本研究の目的とする。

第１節　対外資産負債残高の現状

【表１】対外資産負債残高　2018 年 12 月末現在　（単位:10 億円）

	資　産	負　債	差引（純資産）
直接投資	181, 704	30, 711	150, 993
証券投資	450, 844	351, 269	99, 575
金融派生商品	32, 166	30, 723	1, 443
その他投資	213, 048	263, 778	▲ 50, 730
外貨準備	140, 276	―	140, 276
合　計	1, 018, 038	676, 481	341, 557

（出所）財務省「平成 30 年末現在本邦対外資産負債残高」より筆者が作成(2)

【表１】を見ると，日本の海外資産残高は 2018 年末現在で 1,018 兆円となっており，海外負債残高は 676 兆円で，これを差し引いた海外純資産残高は 341 兆円となっている。また，日本の対外資産・負債は証券投資に偏った傾向があ

(1)　財務省「平成 30 年末現在本邦対外資産負債残高」の資料によると，2009 年 12 月末現在の資産残高は 554 兆円であったが，2018 年 12 月末現在の資産残高は 1,018 兆円に増加している。

り，直接投資が少ないという特徴を有している。なお，経済産業省は，『通商白書』において「投資立国」という用語を使い，在外資産を収益性の面から考えると直接投資の方が有利であるとし，政策として直接投資の拡大が必要であると述べている。

在外資産の国際収支統計から移転価格課税を考えた場合，この統計には近時の移転価格課税で問題となっている無形資産が含まれていない。また，金融資産が中心に統計がなされているが，これには金融派生商品(3)も含まれている。金融派生商品は税務上多くの問題を抱えており，所得の源泉地国や所得分類，さらには投資媒体の介在により所得の帰属などが不明確となり，租税条約の適用についても多くの課題を抱えている状態である(4)。国際収支統計上の在外金融資産には，どのような金融派生商品が集計されているか明らかではないが，投資媒体が介在した場合の在外金融資産が正しく捕捉されているかどうか疑問の残るところである。また，税務上の恒久的施設（PE）に帰属する在外資産についても，どのように集計されているのかどうかも疑問の余地が残るところであ

---

(2) 財務省「平成30年末現在本邦対外資産負債残高」の資料では，資産の内訳は，直接投資には，「株式資本」「収益の再投資」「負債性資本」の細目に区分されており，証券投資には，「株式」「投資ファンド持分」「中長期債券」「短期債券」の細目に区分されており，金融派生商品には，「預金取扱機関」「一般政府」「その他金融機関」の細目に区分されており，その他投資には，「持分」「現・預金」「貸付」「保険・年金準備金」「貿易信用・前払」「その他資産」の細目に区分されている。また，負債の内訳は，直接投資には，「株式資本」「収益の再投資」「負債性資本」の細目に区分されており，証券投資には，「株式」「投資ファンド持分」「中長期債券」「短期債券」の細目に区分されており，金融派生商品には，「預金取扱機関」「一般政府」「その他金融機関」「その他」の細目に区分されており，その他投資には，「持分」「現・預金」「借入」「保険・年金準備金」「貿易信用・前払」「その他負債」「特別引出権（SDR）」の細目に区分されている。

(3) 金融派生商品には，①金融先物取引，②金利先渡取引，③金融オプション取引，④金利スワップ取引，⑤通貨スワップ取引，⑥スワップオプション，⑦為替予約，⑧キャップ，フロアー，カラー取引，⑨クレジット・デリバティブ，⑩仕組債，などがある。本庄資『租税条約』（税務経理協会，2000），267～271頁，参照。なお，仮想通貨は含まれていない。仮想通貨については，現行税制では「時価評価」や「所得分類」が問題となっているが，今後は「移転価格課税」の問題にも発展していくことも考えられる。

(4) 本庄資『租税条約』（税務経理協会，2000），266頁。

る。

日本は，全世界所得課税を採用しているが，税法上において全世界の在外資産を正しく捕捉できているかどうかは不明であり，租税条約の拡充が急がれている状態であるが，この国際収支統計で在外資産が正しく捕捉されれば，税制上での利用価値も高まるものと考える。本研究においては，在外資産の正確な捕捉の必要性とそのための税制上の整備の検討までを行うものとするが，次節においては，在外資産の帰属問題，特に国際収支統計においてかなりの残高となっている在外金融資産の帰属問題を中心に検討を行う。

第２節　在外資産の帰属と移転価格課税の問題

帰属とは課税要件を規定するためのひとつの要素である。当該要素は納税義務者と課税物件の結びつきを示すものである[(5)]。課税物件が帰属する者を明らかにすることによって，誰が納税義務者となるかが明らかになる。在外資産の帰属を検討することにより，国内で課税することができるか否かが決定し，また，移転価格課税の問題となり得るかどうかの判定が可能となる。移転価格課税においては，資産の帰属が重要であり，有形資産及び無形資産ともにその帰属が問題となった事例が多数存在する。

１．在外有形資産

在外有形資産については，ロケーションセービング[(6)]の帰属が問題となった事案がアメリカにおいては多数存在する。ロケーションセービングによる利益の帰属が移転価格課税上問題となる。

ロケーションセービングによる利益の帰属に関しては，「親会社帰属説」と「子会社帰属説」がある。「親会社帰属説」とは，海外進出の意思決定は親会社

⑸　清永敬次『税法（第７版）』（ミネルヴァ書房，2007），72 頁。

⑹　ロケーションセービングとは，一般的には企業が海外進出を通じて高コスト地域から低コスト地域に生産拠点等を移転することにより，同地域で安価な人件費などを利用することで可能となるコスト節減を意味する。山川博樹「過少資本税制と移転価格税制」本庄資編著『租税条約の理論と実務』（清文社，2008），392 頁。

によってなされたものであり，設備及びノウハウは全て親会社から提供されたものであるから，当該利益は親会社に帰属するという考え方である。「子会社帰属説」とは，原材料費・人件費等コスト面の優位性と現地工場での高い生産効率は子会社の立地条件により成し得たものであるから，当該利益は子会社に帰属するという考え方である(7)。

アメリカにおいてロケーションセービングによる利益の帰属が問題となった事案は，コンパック社事案，ボシュロム社事案，サンドストランド社事案，イーライリリー社事案などがある(8)。多くの事案では，親会社の税務当局は親会社に利益が帰属すると主張し，納税者や子会社の税務当局は子会社に利益が帰属すると主張する。なお，前述したアメリカの事案では，多くのケースでロケーションセービングによる利益の帰属は子会社に帰属するとの判断が示されている(9)。

在外有形資産の帰属に係る移転価格課税の問題は，前述したように，単純な有形資産の評価の議論から，無形資産や人的役務提供取引も絡めたロケーションセービングによる利益の帰属の問題が，近時においては議論されている。日本においても，移転価格課税についてロケーションセービングによる利益の帰属の対応を明確にする必要があろう。

2. 在外無形資産

在外無形資産については，コストシェアリング契約に基づく無形資産の帰属について問題となった事案がアメリカにおいては多数存在する(10)。無形資産の帰属する所有者が移転価格課税上問題となる。

---

(7) 江波戸順史『アメリカ合衆国の移転価格税制』（五絃舎，2008），97頁。

(8) 事案の概要については，森信夫・池谷誠「ロケーションセービングとその帰属について」国際税務2005年11月号，93～94頁，参照。

(9) 森信夫・池谷誠「ロケーションセービングとその帰属について」国際税務2005年11月号，91頁。

(10) アメリカにおける大型事案は，United Parcel Service of America Inc. 事案，DHL Corp. 事案，Xilinx Inc. 事案などがある。事案の詳細は，本庄資「米国の移転価格課税－米国の移転価格訴訟－」税経通信2008年5月号，居波邦泰「移転価格事案の訴訟に係る対処法等の検討－米国の判例等を踏まえて－」税務大学校論叢54号，参照。

無形資産の所有者に関しては,「法的所有者説」と「経済的所有者説」がある。「法的所有者説」とは，法的に保護された無形資産の所有者をいい，法的に保護された権利を有し又はそのような権利を取得し維持するための費用を負担する者に無形資産が帰属するという考え方である。「経済的所有者説」とは,無形資産の形成，維持又は発展に貢献した者をいい，法的所有者概念とは別に，価値ある無形資産を形成，維持又は発展させることに貢献する者に無形資産が帰属するという考え方である[(11)]。

アメリカでは米国内国歳入法典第 482 条に 1986 年の改正で設けられたスーパーロイヤルティ条項があり，それには,「無体財産権の譲渡又は使用権の供与の場合には，当該譲渡又は使用権供与にかかる所得は，当該無体財産権に帰すべき所得に相応したものでなければならない」と規定し対応している[(12)]。日本もアメリカと同様に，無形資産の帰属に係る移転価格課税の対応の方法を税法に明文化する必要があろう[(13)]。

3.　在外金融資産

在外金融資産については，前述した通り金融派生商品も含まれている。金融派生商品の帰属については，アメリカではデリバティブ取引[(14)]の所得のうちその PE に実質的関係を有し又は帰属するとして源泉地国で課税する部分はいくらと決めるか，居住地国では二重課税の発生，課税の繰延べ，又は移転価格課税などを考慮に入れて居住者の外国におけるデリバティブ取引にどのように課

---

(11)　本庄資「無形資産の所有者－法的所有者と経済的所有者－概念」税研 2009 年３月号，14 頁。

(12)　スーパーロイヤルティ条項の創設の趣旨は，タックス・ヘイブンへの無形資産の移転による所得の国外流出に対処するため，比準取引が見つからない場合にも，各当事者の相対的な経済的寄与とリスク分担度に応じた所得の配分を行えるようにすることにあったといわれている。増井良啓『結合企業課税の理論』(東京大学出版会, 2002)，169 頁。

(13)　なお，日本では 2006 年の事務運営要領改正により，事務運営要領２-14 で「費用分担契約」を導入しているが，アメリカと異なり，税法レベルでの規定はされていない。無形資産に対する移転価格課税については，居波邦泰「無形資産の国外関連者への移転等に係る課税のあり方－わが国の所得相応性基準の導入の検討－」税務大学校論叢 59 号，443 頁，参照。

税をすべきか，という問題が生じている(15)。つまり，前述した在外無形資産の所有者と同様に，在外金融資産についても「法的所有者」と「経済的所有者」の問題が生ずることとなる。

金融商品のグローバル・トレーディングは，高度に統合された取引であるため，金融機関は所得の稼得活動が課税所得という形で源泉地国に適正な課税をもたらさないため移転価格課税のリスクを抱えている(16)。本庄資教授は，デリバティブ取引の困難性について，「①事業単位の所得の稼得に貢献する活動，②活動の価値，③活動が行われる場所，④活動が帰せられる法的ビークル，を正確に確定することにある。例えば，所得の稼得に貢献する機能を確認するために，事業単位は，①創作者，商人，販売人，②ディーラー，③リスク・マネージャー，④補助（技術，事務），⑤資本，⑥クレジット，⑦経営などに分離することができる。これらの機能が高度に統合される場合には取引ベースの方法を適用することができなくなるので，事前価格決定合意において公式配分法を用いる国もある(17)」と述べている。

日本においては，金融派生商品について，国税庁は平成10年10月30日付デリバティブ通達（金融商品に関する法人税の取扱い）を発出し，法人税法22条4項「一般に公正妥当と認められる会計処理基準」に基づきデリバティブ取引に係る収益又は費用に実現主義により計上すべきことを定めたが，デリバティブ取引について，①課税の繰延べ，②実態把握の困難性，③国際課税上の源泉地及び所得分類の決定の困難性，④時価法による収益計上，などの諸問題については明快なルールが策定されていない状態である(18)。

また，日本の移転価格税制では，役務提供取引に係る移転価格税制の取扱い

---

(14) 令和元年の税制改正では，タックス・ヘイブン対策税制の部分合算課税制度における「デリバティブ取引損益」には，仮想通貨の価額の変動に伴って生ずるおそれのある損失を減少させるために行われるデリバティブ取引に係る損益について，部分合算課税の対象から除外することとされた（租税特別措置法施行規則22条の11第34・35項）。

(15) 本庄資『国際租税計画』（税務経理協会，2000），150頁。

(16) 本庄資『国際租税計画』（税務経理協会，2000），151～152頁。

(17) 本庄資『国際租税計画』（税務経理協会，2000），152頁。

(18) 本庄資『租税条約』（税務経理協会，2000），271頁。

を2002年事務運営要領の改正により明らかにしている。移転価格事務運営要領２-10では，「グループ内役務提供」について，①日本親会社が外国子会社に対して行う経営・財務・業務・事務管理等の役務提供についてそれが外国子会社にとって社外に委託する必要がある内容のものは「有償性のある取引」に該当し，その対価の検討を行うこと，②親会社が行う役務提供に関連する活動で親会社の株主としての地位に基づくもの（株主活動）は有償性がないこと，としている[19]。

なお，OECD「事業再編に係る移転価格上の側面に関するディスカッションドラフト（*Discussion Draft on the Transfer Pricing Aspects of Business Restructurings*-19 September 2008 to February 2009）[20]」では，関連者間取引において両当事者による重要だがベンチマーク化不可能（non-benchmarkable）な貢献[21]（例えば，他に類のない無形資産）が存在する場合，取引単位利益分割法が最も信

⒆　移転価格事務運営要領２-９において，「法人が国外関連者の要請に応じて随時役務提供を行い得るよう人員・設備等を利用可能な状態に定常的に維持している場合にはそのこと自体が役務提供に該当する」ことを明記し，検討すべき役務として，㈠企画・調整，㈡予算の作成・管理，㈢会計，税務，法務，㈣債権の管理・回収，㈤情報通信システムの運用，保守，管理，㈥キャッシュフロー・支払能力の管理，㈦資金の運用・調達，㈧利子率・外国為替レートに係るリスク管理，㈨製造・購買・物流・マーケティングに係る支援，㈩従業員の雇用・教育を掲げている。例示された役務提供の範囲は親会社が子会社に提供する役務のほぼ全てを含む広い概念であり，移転価格税制の適用は，①有償性があるか否か，②株主活動に該当するか否か，の問題に集約される。

⒇　2005年１月に開催されたOECD・CTPAラウンドテーブルにおいて，多国籍企業による国境を越えた機能・資産・リスクの移転を伴う事業再編については，OECD移転価格ガイドラインやOECDモデル租税条約に示されている指針では十分に対応できていない問題があることが指摘され，こうした問題に対処するため，OECD租税委員会は，第１作業部会（OECDモデル租税条約担当）と第６作業部会（OECD移転価格ガイドライン担当）の合同作業部会を設けるなどして検討を行った結果に基づいて，本ディスカッションドラフトは，公表されたものである。

(21)　ベンチマーク化可能な機能，資産及びリスクとは，合理的に信頼できる比較対象が存在する機能，資産及びリスクと暫定的に定義される。OECD, *Discussion Draft on the Transfer Pricing Aspects of Business Restructurings*-19 September 2008 to February 2009，パラグラフ129．日本租税研究協会『事業再編に係る移転価格上の側面－民間コメント募集のためのディスカッション・ドラフト』(2009)，53頁。

頼できる手法かもしれないと暫定的に結論付け，また，高度に統合された取引（例えば，金融商品のグローバル・トレーディング）においても，取引単位利益分割法が最も信頼できる手法かもしれないと結論付けている[22]。

在外金融資産の帰属に係る移転価格課税の問題は，日本ではグループ内役務提供取引の問題として今後ますます議論されることであろう。また，その評価方法は，前述したようにOECDでは「金融商品のグローバル・トレーディング」については，取引単位利益分割法が最も信頼できる手法とされており，今後の日本において非常に参考になるものであると考える。

次節においては，在外資産の正確な捕捉の必要性と税制上の整備の方向性を検討する。

第3節　在外資産の捕捉の必要性と税制上の整備の方向性

在外資産の把握方法としては，資料情報制度，質問検査権，租税条約の情報交換制度などがあるが，課税権の直接的な行使である質問検査権には国際法上の様々な制約もある。特に近時においては，情報通信の発達及び金融ビックバンにより，金融資産は在外資産の中でも足が速く，その捕捉は困難なものとなっている。

1．在外保有資産の捕捉の困難性の克服

在外資産の捕捉については，アメリカでは次のような制度を用いている[23]。

① 外国為替管理の報告義務はない。

② 居住者が合計10,000ドル超の資産を海外に保有する場合，IRS報告を義務付ける。

③ 財務省はこれらの口座の数・金融資産の額，その預金している金融機関の住所等をファイルする。

---

(22) OECD, *Discussion Draft on the Transfer Pricing Aspects of Business Restructurings*-19 September 2008 to February 2009，パラグラフ129．日本租税研究協会『事業再編に係る移転価格上の側面－民間コメント募集のためのディスカッション・ドラフト』（2009），53頁。

④　海外の信託に保有されている金融資産につき報告が必要である。

⑤　海外への通貨その他の手段の持出と持込につき，10,000 ドル超の場合，氏名，住所，国籍，パスポート番号，通貨その他の支払手段の種類，金額を税関に報告することを義務付ける。

２．在外資産の捕捉の必要性と日本における税制上の整備の方向性

在外資産の中でも特に金融資産については，その捕捉は困難を極めており各国様々な工夫し対応している。また，適正な課税を行うためには，在外金融資産の現状を正確に把握することが必要不可欠である。

しかしながら，現行の日本においては，前述のアメリカの制度と比較すると法整備が著しく遅れていると言わざるを得ない状態である。なお，現行日本の未整備点を列挙すると次の通りである(24)。

①納税者番号制度の整備の遅れ，②海外預金等に係る情報申告の義務化の強化，③租税条約ネットワークの拡充（相続税条約を含む）の遅れ，④タックス・ヘイブン国との情報交換協定の拡充の遅れ，⑤濫用的租税回避の開示の不存在，などである。また，移転価格課税については，①移転価格課税の適用対象者の拡充，②在外資産に対する法的所有者と経済的所有者の税法上の区分の明確化，

---

(23)　本庄資「米国法人税制（第 13 回）－関連企業グループ内部取引－」租税研究 2009 年 10 月 1 日会員懇談会資料，25 頁では，「アメリカ以外の口座を有する「アメリカの者」は，Form TD F90-22.1（FBAR）を提出するよう義務付けられており，その義務違反には厳しいペナルティが科される。このアメリカ以外の口座には，外国ミューチュアルファンドの持分や外国エンティティについても報告内容が拡大されている（2008 年 10 月 9 日）。なお，「アメリカの者」の定義は，内国歳入法典の定義と異なり，アメリカ市民及び居住者でなくても，アメリカにおいて事業を行う者を含むことを明らかにしている（2009 年 2 月 22 日）」と報告されている。

　また，各国の海外保有資産の捕捉の困難性の克服については，本庄資『国際的租税回避－基礎研究－』（税務経理協会，2002），225 ～ 227 頁，参照。

(24)　本庄資『国際租税計画』（税務経理協会，2000），221 頁，本庄資「無形資産の所有者－法的所有者と経済的所有者－概念」税研 2009 年 3 月号，14 頁，田内彦一郎「海外資産の把握及び法制の異なる資産等の取扱い」税大論叢 52 号 150 ～ 153 頁，拙著「日本の移転価格税制の研究－日米移転価格税制の比較相違点からの検討－」名経法学第 24 号，参照。

③立証責任の転換，などの整備の必要性が挙げられる。なお，アメリカでは前述した1986年の改正時，米国内国歳入法典第482条のスーパーロイヤルティ条項の導入に伴い，同時文書化，セーフハーバールールなどの規定も導入したことを考慮すると，日本においても移転価格課税については，アメリカと同様に無形資産に対する移転価格課税の対応の方法（スーパーロイヤルティ条項）の明文化の必要があり，法的安定性の見地から検討すると，これを税法上に明記する必要があるのではないだろうか[25]。

結論

現行の日本で公表している国際収支統計では在外資産を正確に把握しているとは言い難い状態であった。また，日本では前述したアメリカのように課税庁が海外資産の所在を把握するために必要な制度の整備の遅れが明らかとなった。

日本の税制上において，不正に財産を海外移転させないための防止策としては，取引については移転価格税制，溜まりについてはタックス・ヘイブン対策税制により対処する以外に方法はない現状である。在外資産の正確な捕捉のためにも，日本においても前述したアメリカと同等程度の制度を整備する必要があろう。

移転価格の不正はマネー・ロンダリング（資金洗浄）につながる恐れがあり，アメリカをはじめ各国の税務当局は，その通常の価格から外れる取引を厳しく取り締まっている。アメリカでは，関連者間又は非関連者間の海外送金規制逃れの一手としての価格（犯罪組織などへの貸金や賄賂資金の送金を目的とした低い価格設定など）が問題視され，マネー・ロンダリング犯罪対策の面では移転価格を摘発する権限が，米財務省内国歳入庁（IRS）に付与されている。「所得移転」「隠れた海外送金」に対する移転価格課税の取組みに対して，日本は著しく遅れている[26]。近時の国際経済社会においては，オフショアバンク，プライベート

---

(25) 本庄資「米国の移転価格課税－事前価格決定合意Ⅱ－」税経通信2008年7月号，163頁。

(26) 本庄資「－学者が斬る－移転価格税制に狼狽する企業の甘さ」毎日新聞社「週間エコノミスト」2007年3月20日号，54～55頁。

バンクやオフショアファンドもその標的となりかねない状態である。これが，脱税のためのマネー・ロンダリング事件やマネー・ロンダリングを利用した脱税事件[27]に発展する可能性が極めて高いと考える。日本のマネー・ロンダリング対策においても「前提犯罪」に，「脱税」を含める検討の必要性があろう[28]。

移転価格税制については，関連者間取引の移転価格の操作や高税率国である日本では他の低税率国での費用の付替え等による移転価格課税の問題が生ずる可能性が高いと思われる。無形資産の帰属や使用料，グループ内役務提供取引（特に足が速いとされる，金融商品のグローバル・トレーディング，仮想通貨取引など）に係る移転価格課税の更なる対応策の検討の必要があろう。この場合，日本から海外に財産を移転した場合における追跡調査制度や，在外資産の帰属を変更するなどの複雑な移転価格操作に対処する必要性が生ずると思われる。したがって，日本のみならず，国際的な協力（多国間税務執行共助条約やBEPS防止措置実施条約）が必要不可欠なものとなろう。

---

(27)　本庄資『米国マネーロンダリング』（税務経理協会，2006），299頁

(28)　「日本では，国税庁は違法所得に対する脱税査察を強化することによってマネーロンダリング規制の一翼を担うことはできるが，組織的犯罪処罰法の前提犯罪の範囲に脱税を含めない限り，前提犯罪の立証に刑事訴訟法上の捜査権限を要するので，マネーロンダリング事犯の捜査を実施することはできない。」本庄資『米国マネーロンダリング』（税務経理協会，2006），８頁

第3章

ソフトローとしての移転価格ガイドラインの改訂

（拘束力のあるアドバンス・ルーリング制度の必要性）

問題の所在

OECD/G20BEPS Action Plan は，15の行動から構成されているが，そのうち，移転価格に関する行動は，Action 8（無形資産取引に係る移転価格ルール），Action 9（リスクと資本に係る移転価格ルール），Action 10（他の租税回避の可能性の高い取引に係る移転価格ルール）及び Action 13（移転価格文書化・国別報告）と多い。

OECD は，これまで独立企業原則（The Arm's Length Principle：ALP）に基づき移転価格ガイドライン（Transfer Pricing Guideline：TPG）を定めてきたが，BEPS プロジェクトでは，BEPS 報告書の改訂案に従って TPG 改訂を行うとともに，各国の国内法の改正を勧告した。そこで，本章においては，TPG2010 と改訂 TPG2017 を概観し，国内法の改正の必要性を検討する。さらに，新しい概念を国内法に受け入れる必要性までを検討する。

第1節　移転価格ガイドラインをソフトローのままとして取り扱うのか再検討の必要性

国際機構の特定の宣言や決議などは，これをソフトローと呼び，法的拘束力がなく，非法的なものとされ，国内裁判所では法源として認められないと主張されることが少なくない。学説によっては，法源には形式的法源のほか，実質的法源があり，ソフトローは，それ自体が国際法上の法的拘束力を有するものではないが，条約の成立を促し，慣習法の法的信念となる効果をもち，国際経済法，国際租税法及び国際環境法等の分野で国際行動の指針として重要な役割を果たしていることを否定できないという(1)。

(1)　(a)斎藤民徒「ソフトロー論の系譜：国際法学の立場から」COE ソフトロー・ディスカッション・ペーパー・シリーズ COESOFTLAW2005-7。

(b)瀬下博之「ソフトローとハードロー」COE ソフトロー・ディスカッション・ペーパー・シリーズ COESOFTLAW2006-4。

(c)中山信弘・小寺彰・道垣内正人編『国際社会とソフトロー』有斐閣，2008。

(d)渡部茂己「国際法の実質的法源としての国際機構の決議－形式的法源としての可能性を検討するために」常磐 国際紀要第16号，2013。

我が国はこれまで通り，OECDモデル条約・同コメンタリー及び移転価格ガイドライン（TPG）などを法的拘束力のないソフトローとして取り扱うのか再検討する必要がある。

現在，ルールオブロー（法の支配）[2]を掲げ，「租税法律主義」の優位を唱える学説が多い中で，BEPSプロジェクトの合意・勧告のうち成文法化できなかった部分をハードローと同様に，国際的コンセンサス（合意）はソフトローであるとして国内裁判所の法源として具体的な租税回避スキームに適用することが認められるだろうか[3]。また，本庄資教授は，「租税法律主義[4]によって実質課税を克服したと考える租税法学の学説[5]や納税者の租税回避の意図が認められる場合にも租税法上明文の個別的否認規定がない場合には否認できないとの判断を示してきた裁判例[6]の前で，BEPSプロジェクトの合意・勧告のうち，国内法化されずまた租税条約に規定のないものについて，新しいTPGやガイダンスを加盟国の税務当局としてこれをソフトローとして尊重し，OECD/G20のBEPSプロジェクトの合意・勧告に沿って，税務当局が現行法の目的論的解釈[7]

---

(2)　金子宏「租税法とルール・オブ・ロー」『所得税・法人税の理論と課題』（平成22年，日本租税研究協会）。

(3)　本庄資『国際課税における重要な課税原則の再検討　中巻』（日本租税研究協会，2016），493頁。

(4)　(a)木山泰嗣「租税要件明確主義の解釈論的展望」青山法務研究論集第4号，2011。
(b)最高裁第一小法廷平成21年12月3日判決（民集63巻10号2283頁）。
(c)最高裁第二小法廷平成23年2月18日判決（判例タイムズ1345号115頁）。

(5)　(a)谷口勢津夫「違法支出論における債務確定主義の意義と機能」立命館法学2013年6号。
(b)谷口勢津夫「租税回避論の現代的課題」『税制改革と国際課税（BEPS）への取組』日本租税研究協会第67回租税研究大会記録，2015。
(c)谷口勢津夫「租税回避と税法の目的論的解釈の過形成」税経通信第70巻14号，2015。

(6)　最高裁第二小法廷平成23年2月18日判決の裁判長須藤正彦裁判官補足意見。

(7)　(a)大淵博義「租税法における文理解釈の重要性」中央大学会計人会報第15号別冊，2013。
(b)酒井克彦「租税法条文の読み方－文理解釈か？趣旨解釈か？」税大ジャーナル，2013。

を行い，事実認定において実質を重視し，納税者の私法上の法律構成[8]を否認してリキャラクタライゼーションすることが認められるだろうか[9]」と述べており，非常に疑問の残るところである。

金子宏教授は，被統治者のみならず統治者も法律に従うべきであるとの原理をルール・オブ・ローと呼び，租税法律主義と考え方は共通であると述べ[10]，取引の安全，予測可能性や法的安定性の観点から，ルール・オブ・ローの観点から見て，アドバンス・ルーリング[11]が非常に好ましい制度であると述べている[12]。

ポストBEPSに関し，新しい国際コンセンサスに従って税務当局が納税者のタックス・プランニングに対し挑戦するためには，ソフトローとせず，租税法律主義に基づき明確な根拠規定を国内法化し又は租税条約に含めることが必要である。しかし，これまで通りに，OECDモデル条約・同コメンタリー及び移転価格ガイドライン（TPG）などを法的拘束力のないソフトローとして取り扱

---

(8)　(a)清水一夫「租税回避行為避妊訴訟の実証的研究－裁判所の認定から原処分時対応の留意点を探る－」税大論叢55号，2007。
(b)松田直樹「実質主義と法の濫用の法理－租税回避行為の否認手段としての潜在的有用性と限界－」税大論叢55号，2007。
(c)中本雅和「私法上の法律構成による否認の手法と私法上の事実認定及び契約解釈ルール」龍谷大学大学院法学 研究 No. 8，2006。

(9)　本庄資『国際課税における重要な課税原則の再検討　中巻』（日本租税研究協会，2016），494頁。

(10)　金子宏「租税法とルール・オブ・ロー」『所得税・法人税の理論と課題』（平成22年，日本租税研究協会）。

(11)　(a)増井良啓「租税法の形成におけるアドバンス・ルーリングの役割」CEOSOFTLAW，2005。
(b)出村仁志「行政庁による公定解釈の表示─米国におけるアドヴァンス・ルーリング及び日本の現状」税大論叢19号，1989。
(c)鈴木孝直「事前照会手続の整備の現状と今後の方向性」長崎大学学術研究成果リポジトリ，2003。

(12)　金子宏「財政権力－課税権力の合理的行使をめぐって」岩波講座『基本法学6権力』151～178頁。納税者からの個別事案に関する質問に応じて内国歳入庁が発する公定解釈をルールング（ruling）と呼び，そのうち将来の行為や取引に関するものをアドバンス・ルーリング（advance ruling）と呼んだ上で，文書によるルーリングの発給を行う米国の制度を検討し，日本においてもアドバンス・ルーリングの採用を検討してしかるべきであると述べている。

うのであれば，我が国の企業としては，アドバンス・ルーリングの活用の必要性が高まることになるであろう(13)。

第2節　TPG2010

TPG2010（OECD Transfer Pricing Guideline for Multinational Enterprises and Tax Administrations 2010）は，次の９章から構成されている。

第１章　独立企業原則（The Arm's Length Principle）

第２章　移転価格方法（Transfer Pricing Method）

第３章　比較可能性分析（Comparability Analysis）

第４章　移転価格紛争の回避及び解決の行政上のアプローチ（Administrative Approaches to Avoiding and Resolving Transfer Pricing Disputes）

第５章　文書化（documentation）

第６章　無形資産に係る特別な考慮（Special Considerations for Intangible Property）

第７章　グループ内役務提供に係る特別な考慮(Special Consideration for Intra-Group Services）

第８章　費用分担契約（Cost Contribution Arrangements）

第９章　事業再編の移転価格の側面（Transfer Pricing Aspects of Business Restructuring）

第3節　改訂TPG2017

BEPSプロジェクトの最終報告書は，次のように構成されている。

(1)　独立企業原則の適用のガイダンス（TPG第１章セクションD改訂）

(2)　無形資産（TPG第６章改訂）

(3)　低付加価値グループ内役務提供（TPG第７章改訂）

---

(13)　本庄資『国際課税における重要な課税原則の再検討　中巻』（日本租税研究協会，2016），495頁。

⑷　費用分担契約（TPG 第８章改訂）

なお，BEPS 最終報告書のサマリーの要訳によれば，以下のように説明されている。

最も重要な変化は，TPG 第１章セクション D の改訂の次の点で起きる。

(i)　グループ企業間のリスク移転，グループ企業への過大資本の配分による BEPS の防止ルール：ある事業体が契約上リスクを引き受けたとか資本を提供したという理由だけで不適切な収益を得ることができないように，かつ，収益と価値創造を合致させるように，移転価格ルール又は特別措置を採用すること。

(ii)　第三者間では起こらないか又は滅多に起こらない取引を行うことによる BEPS を防止するルール：取引をリキャラクタライズすることができる場合を明確化するため，移転価格ルール又は特別措置を採用すること。ガイダンスにおいて次のことを確保する。

・特殊関連企業が行う現実の事業取引が特定され，かつ，移転価格が経済的現実を反映しない契約上のアレンジメントに基づかないこと。

・契約上のリスク配分は現実の意思決定によって支えられる場合のみ認容されること。

・機能しない資本は，実質のない Cash box にプレミアムリターンが配分されないよう，リスクフリーリターン以上の収益を生じないこと。

・商業上の合理性のない例外的な場合には税務当局が取引を否認することができること。

これらの TPG の改訂は，必要な場合，契約条件を当事者の現実の行為の証拠で補足することにより，特殊関連企業間の現実の取引を正確に記述することが重要であることを強調する。契約に記載されているだけでは取引を記述することにはならない。

取引当事者のリスクの引受けは，取引の独立企業間価格に重大な影響を及ぼすことがある。この改訂は，個別のリスクとその影響の特定に関するガイダンスに及び，移転価格の目的上どの特殊関連企業がリスクを引き受けるのかを決定する分析の枠組みを定める。移転価格の目的上リスクを引き受けるには，特殊関連企業は，リスクを支配しかつリスクを引き受ける財務能力を有することが必要である。

ガイダンスは，資本を提供するだけの特殊関連企業が行う現実の拠出を正確に決めるのに役立つ。資本の提供者がプレミアムリターンを生じ得る投資リスクに対し支配を行使しない場合には，特殊関連企業はリスクフリーリターン以上のものを期待できない。

改訂ガイダンスは，移転価格分析は，契約条件（実際に行われない契約上のリスク引受を含む）ではなく，特殊関連企業が取引に現実に貢献するものを正確に記述することに基づいて行われることを確実にする。

通常，現実のアレンジメントはTPGの他章のガイダンスに従って価格算定されるのであるが，本章の改訂は，商業上の合理性がない例外的な場合に税務当局が特殊関連企業間取引を否認することができるようにする必要性を補強する。

ガイダンスは，独立当事者間では見られない取引であるという事実だけではそれが認容されるべきでないことを意味するものでないことを強調する。その代わり，現実の取引が，比較可能な経済状況の下で非関連者間で合意されるアレンジメントの商業上の合理性を有するかどうかが重要な問題となる。

要するに，この改訂は，価格算定が特殊関連企業の現実の貢献（現実に引き受けたリスクを含む）を考慮に入れるように，特殊関連企業間の現実のアレンジメントを決定するとき完全性を奨励すること，及び商業上の意味のない取引の否認の権限を付与することによって資本への不適切なリターンやリスクの誤った配分を防止せよというマンデートに応えるものである。

このTPG第1章セクションDの改訂は，税務当局による「取引の否認」(disregard，non-recognition)，「取引のリキャラクタライズ」の権限を税務当局に付与することを勧告するものである。我が国はこれまで通達や事務運営要領などでOECDのTPGに準拠したルールを我が国の移転価格税制に取り入れてきたが，租税法律主義の下で，既存の有力説との正面衝突を避けるためには，改訂TPG2017のうち，少なくとも「取引の否認」及び「取引のリキャラクタライゼーション」に関する新規ガイダンスについては，法令上，明文化を図るべきであろう(14)。

また，改訂TPG2017は，法的所有権及び法的帰属説と経済的所有権及び経済的帰属説の対立を生じている各国の移転価格税制の差異を利用するスキームを封じ込めるため，TPG第6章の改訂を次の通り行っている。

・特殊関連企業による無形資産の法的所有権だけで無形資産の利用からの収益を受ける資格を決めることができない。

・無形資産のDEMPE（開発，改善，維持，保護及び利用）に関し重要な価値創造機能を行う特殊関連企業は，適切な対価を期待することができる。

・無形資産のDEMPEに関しリスクを引き受ける特殊関連企業は，リスクに対する支配を行使しかつリスクを引き受ける財務能力を有しなければならない。

・多国籍企業グループのメンバーが現実の利益と期待利益との差異に関する損益を受ける資格は，どの事業体がこれらの差異を生じるリスクを引き受けるか，当該事業体が無形資産のDEMPEに関し重要な機能を行っているか，経済的に意味のあるリスクに対する支配に貢献しているかによって左右され，これらの機能の独立企業間対価は費用分担要素を含めて決められる。

・資金を提供し関連財務リスクを引き受けるが無形資産に関する機能を行わない特殊関連企業は，一般にその資金に係るリスク調整リターンだけを期待することができる。

経済学・経営学や金融論では「リスク」の研究が行われてきたが，租税法学では租税法上の概念として「リスク」の定義をめぐる議論も十分に行われていないので，TPGの重要概念として，「リスク」，「リスクの支配」，「リスクマネジメント」，「リスクの配分」，「リスクの引受」，「リスクを引き受ける財務能力」，「リスクの移転」などの概念を法定化する必要がある(15)。

さらに，「無形資産」の定義について，改訂TPG2017は広い定義を採用し，費用分担契約（CCA or CSA）についても「リスク」概念を含めて，TPG第8章を改訂した。資木や資金の提供だけでのCash boxcsを封じ込めるには，費用分担契約の改正が必要であろう。

---

(14)　本庄資『国際課税における重要な課税原則の再検討　中巻』（日本租税研究協会，2016），547頁。

(15)　本庄資『国際課税における重要な課税原則の再検討　中巻』（日本租税研究協会，2016），548頁。

第4節　国内法の改正

税制調査会「『BEPS プロジェクト』の勧告を踏まえた国際課税のあり方に関する論点整理（平成28年11月14日）において，移転価格税制の見直しについては次のようにまとめられている。

BEPS プロジェクトでは，主として，関連者間の無形資産の移転により生じる租税回避に対し適切に対応することを目的として議論が行われた。その際，比較対象となる取引に基づく客観的価格付けが困難という無形資産の性質，及び関連者間取引における契約や取引条件の恣意的操作のしやすさ等に留意しつつ検討が進められ，以下の方法が提示された。

1．無形資産移転時の価格設定（令和元年度税制改正で対応済）

・無形資産の価格算出に必要な信頼しうる比較対象が特定できない場合，ビジネスにおける事業計画策定等に幅広く採用されている「ディスカウンティド・キャッシュフロー（DCF）法」を活用する。

・取引時点で評価が困難な無形資産については，「予測便益」と「実際の利益」とが一定以上乖離し，納税者が予測の合理性を示せない場合に，発生した「実際の利益」に関する情報を使って移転時の独立企業間価格を事後的に再計算する「所得相応性基準」を採用する。

2．無形資産移転後に得られる使用料の価格設定

・外国子会社は，無形資産の法的所有（legal ownership）のみによっては所得配分を受けられないものとする。

・外国子会社は，資産の開発や改善等に必要な資金の提供以外は何らの貢献もしておらず，リスクもとっていない場合には，その資金を国債に投資した場合に得られる程度のリターンのみしか受領できないものとする。

無形資産の取扱いと併せて，BEPS プロジェクトでは行動10において，多国籍企業グループの親会社が外国子会社等に提供する人事，会計，法務等，いわゆる「グループ内のサービス提供」に係る費用とこれへの対価の

配分方法についても議論された。具体的には，同様のサービス提供が第三者間で行われる場合を想定して取引価格を決定するべきところ，目安となる価格が先進国の市場と途上国の市場とで大きな乖離がある場合，両国の課税当局間での合意形成が困難であることに着目し，これへの対応策として実際に要した費用に一定の利益マークアップ率を適用する等のガイダンスの策定が合意された。

ベスト・プラクティスとして示されたBEPSプロジェクトの最終報告書の内容，及び今後改訂されるOECD移転価格ガイドラインを踏まえて，今後，日本の移転価格税制見直しを検討することが必要である。

上記の論点整理からすると，改訂TPG 2017を受け入れ国内法の改正をする方向性であることがうかがえる。

我が国では，これまで租税法律主義を呪文のように用いるタックス・スキームが無数にあり，税法上，固有概念として定義を置いていない借用概念の解釈の余地がこれらのタックス・スキームの合法か違法かを争う場面では，税務当局の否認を妨げてきた。OECDのBEPS Action 8～10ディスカッション・ドラフトは，否認，リキャラクタライゼーションの分野で問題を提起している(16)。

我が国の費用分担契約の取扱いについては，事務運営方針2-15で次のように定めている。法人が国外関連者との間で締結した費用分担契約に基づく費用の分担（費用分担額の調整を含む）及び持分の取得は，国外関連取引に該当し，当該費用分担契約における当該法人の予測便益割合が，当該法人の適正な予測便益割合（2-16及び2-18による検討に基づき算定される割合をいう）に比して過大であると認められるときは，当該法人が分担した費用の総額のうちその過大となった割合に対応する部分の金額は，独立企業間価格を超えるものとして損金の額に算入されないことに留意する。

改訂TPG2017を受け入れ，拠出を「費用の分担」というコストで測定せず，

(16)　本庄資「国際課税における重要な課税原則の再検討（第15回）（TPG第1章改訂，否認，リキャラクタライゼー ションと特別措置の採用）をめぐるビジネス界・主な租税実務家の意見の焦点」租税研究792号（2015年10月）。

「価値」（独立企業間価値）で測定することに切り替える場合，拠出の価値の測定に関する規定を整備する必要が生じるであろう[17]。

また，税法上，無形資産の定義を規定した我が国の場合，評価困難な無形資産（Hard-to-Value In-tangibles：HTVI）の定義は規定していないが，OECD Action 8（HTVI）は，ALP からの逸脱ともいうべき提案を示した。我が国では，これまで，否認や私法上の法律構成について個別否認規定がない場合に行うことができないとする論者が多かったが，OECD の HTVI についての勧告を受け入れ，後智慧（hindsight）[18]である所得相応性基準[19]の利用で今後どのような事態が生じるであろうか[20]。

第５節　新しい概念を国内法に受け入れる必要性

改訂 TPG2017 に含まれる新しい概念について，本庄資教授は，『国際課税における重要な課税原則の再検討　中巻』（日本租税研究協会，2016）547 ～ 548 頁において，以下の用語について，成文法化することが望まれると指摘している。

・identifying the commercial or financial relations
・economically relevant characteristics of the transaction
・economically relevant circumstances
・contractual terms of the transaction
・actual conduct

⒄　本庄資『国際課税における重要な課税原則の再検討　中巻』（日本租税研究協会，2016），412 頁。

⒅　UN Tax Committee on Practical Transfer Pricing Issues Documentation Working Draft, 7 June2011.

OECD The Comments Received with respect to The Discussion Draft on Timing Issues relating to Transfer Pricing 29 October2012.

European Commission EU Joint Transfer Pricing Forum Supplementary Discussion Paper on Compensating/ YearEnd Adjustments JTPF/004/2013/EN 14 January2013.

⒆　居波邦泰「無形資産の国外関連者への移転等に係る課税のあり方－わが国への所得相応性基準の導入の検討」税大論叢第 59 号，2008。

⒇　本庄資『国際課税における重要な課税原則の再検討　中巻』（日本租税研究協会，2016），413 頁。

・contractual arrangement
・contractual allocation of risk
・risks in commercial or financial relations
・identifying economically significant risks
・contractual assumption of risk
・allocation of risk
・accurately delineated transactions
・commercial rationality or commercial irrationality
・cash boxes without relevant substance
・risk management，risk control
・actual contributions
・commercial sense

ディスカッション・ドラフトのキーワードであった「基本的経済的属性」（fundamental economic attributes）という概念は，“*economically relevant characteristics*”に置き換えられた。我が国の有力説が「実質」について論じる場合，「経済的実質」でなく「法的実質」を重視してきたが，改訂 TPG2017 は，“*economically relevant characteristics*”，“*economically circumstances*”，及び“*economically significant risk*”など，経済的実質を重視することを明確にしている。我が国のタックス・ヘイブン対策税制の適用除外要件充足の有無に関する裁判例では，「経済的合理性」の有無について議論するが，改訂 TPG2017 は，経済的合理性でなく，「商業上の合理性」（commercial rationality），「商業上の不合理性」（commercial irrationality），「商業的意味」（commercial sense），「商業上の関係」（commercial relations）を重視することを明確にしている。改訂 TPG2017 は，単に「契約」を見るのでなく，「現実」を見ることを基本方針とし，“*contractual terms*”，“*contractual arrangement*”，“*contractual allocation of risk*”，“*contractual assumption of risk*”をそのまま受け入れず，「現実」を見ることを一貫して追求する。

このように，改訂 TPG2017 を受け入れる場合，成文法化を要する新しい概念が増加している。法形式の濫用について「通常か異常か」の議論でなく，「契約」と「現実」の一致か否かを見極め，「商業上の合理性」の有無を議論すべきルールに変わる。「実質」についても，法的実質にとどまり，経済的実質を認めないなどの議論を繰り返す余地は，国際的コンセンサスとしては，少なくなってきた。

改訂 TPG2017 を受け入れる場合には，まずは，国際的コンセンサスとして共通の概念規定を国内法令に規定し，同時に法的拘束力のあるアドバンス・ルーリング制度[21]を創設することが必要である[22]。

---

(21) なお，米国の事前ルーリング制度（IRC7805(a)）は，下記の通りである。米国の事前ルーリング制度は，一般に開かれた制度となってはいるものの，一方で厳格な要件を付し，手数料（有料）を徴することによって照会の濫用を防ぐ仕組みが構築されている。米国の事前ルーリング制度には，Letter ruling，Determination letter，Information letter，Closing agreement，Revenue ruling，Revenue procedure があるが，以下に示すのは Letter ruling である。

① 制度概要

Letter ruling は法律上，納税者に対し，連邦税について一定の事実関係に基づく取引（将来行うことが予定されている取引及びすでに行われた取引）に係る税務上の取扱い（条文の解釈・適用）について，税務当局が書面により見解を発行する制度である。ルーリングを発行するかどうかの決定権は税務当局にあり，一定の場合はルーリングを発行しないことが許容されている。また，ルーリングの申請がされた取引に係る代替案や仮定に基づく取引に対しては，ルーリングを発行しない。

② 法的拘束力

法的拘束力を有する。ただし，ルーリングの効果はその申請をした納税者に対してのみ有効（ルーリングに係る取引と同様の取引を行った他の者に対しては適用されない）である。一部でも事実が異なる又は秘匿されていた場合には，法的拘束力は失われる。

③ 必要な手続き

ルーリングを申請するに当たり，定められた書式はない。一般的に，ルーリングに係る事実及び関係する法律により必要な記載がされている書類や補足資料としての添付書類が必要となる。

④ 必要な書類

ルーリングの申請に当たり，正式に提出しなければならないリストはないが，通常必要とされる情報は，以下の通りである。

イ） ルーリングに係る全ての関係者の氏名・住所・米国納税者番号・電話番号 等
ロ） 会計年度及び会計方針
ハ） 事業内容・その取引を行う事業上の理由等の説明
ニ） その取引の詳細
ホ） その取引に係る契約書 等

日本の近年における移転価格税制の改正の概要

平成22年（2010年）	移転価格税制における文書化が整備された。
平成23年（2011年）	最適方法ルール（Best Method Rule）への変更：移転価格税制における独立企業間価格の算定方法が改正され，従前の独立価格比準法，再販売価格基準法，原価基準法の基本３法を優先する方式から，基本３法，取引単位営業利益法，利益分割法のうち最も適した方法を採用する方式である最適方法ルールへと変更された。

⑤　回答の形式，回答期限
ファックス等によって文書にて回答される。また，米国内国歳入庁は申請書提出後21日以内にその後の手続き等について話し合うため，納税者にコンタクトをとることとされている。なお，回答は通常２ヶ月～４ヶ月を要する。

⑥　手数料
申請内容により異なるが，一件当たり$625～$11,500の料金がかかる。

⑦　回答に対する異議申し立て制度の有無
一旦発行されたルーリングに対して，異議申し立てをすることはできない。ただし，ルーリング発行前であればルーリング申請を取り消すことが認められており，ルーリングの発行により納税者が不利な結果となりそうな場合には，初期の打ち合わせ段階において米国内国歳入庁から助言されることがある。

⑧　納税者及び税務当局におけるメリット・デメリット

イ）メリット
ルーリングの内容が法的効力を有すること，税務上問題の解決が可能なストラクチャーを発見する機会となること。

ロ）デメリット
専門家に申請書類の作成を依頼するため多額のコストと手数料がかかり，約３ヶ月という期間を要するため，時間的制約の厳しい取引の場合はルーリングを獲得するのは難しい。税務当局に情報を開示することとなるため，すでに行われた取引等について申請したルーリングを撤回した場合には，税務当局から注意を引くことになる。

(22)　なお，文書回答手続の充実は，一方で税理士業務に対する民業圧迫に繋がるという指摘もあろうが，申請の代理人となれるのは税理士法第２条に規定する「税理士」のみと規定されているため，問題は少ないと考える。酒井克彦「事前照会に対する文書回答手続の在り方」税大論叢44号，468頁。

平成25年 (2013年)	独立企業間価格の算定方法である「取引単位営業利益法」の利益水準指標に営業費用売上総利益率（ベリー比）が追加された。
平成28年 (2016年)	移転価格税制に係る同時文書化の整備がされた。
令和元年 (2019年)	移転価格税制の対象となる無形資産について，「法人が有する資産のうち，有形資産及び金融資産（現金，預貯金，有価証券等）以外の資産で，独立の事業者の間で通常の取引の条件に従って譲渡・貸付け等が行われるとした場合に対価の支払いが行われるとした場合に対価の支払いが行われるべきもの」と定義を明確化した。 独立企業間価格の算定方法として，ディスカウント・キャッシュ・フロー（DCF法）が追加される。DCF法とは，将来得られると予想されるキャッシュフローからリスク要因を控除し，その価格の割引現在価値によって価格を計算する方法のこと。なお，比較対象取引が特定できない無形資産取引等に対する価格算定方法として有用性が認められるとされている。 国外関連者との評価困難な無形資産取引（特定無形資産取引）について，独立企業間価格の算定の基礎となる予測と実際の結果が相違した場合には，税務署長は，その特定無形資産取引の結果等を勘案して，当初の価格を再評価（更正等）することができることとする（価格調整措置）。ただし，再評価後の価格が当初の取引価格の20%を超えて相違した場合のみ。特定無形資産取引とは，以下①～③の全てを満たす無形資産をいう。 ① 独自性があり重要な価値を有するものであること ② 予測収益等の額を基礎として独立企業間価格を算定するものであること ③ 独立企業間価格の算定の基礎となる予測が不確実であると認められるものであること なお，国税当局職員が「特定無形資産取引に係る独立企業間価格の算定の基礎となる予測の詳細を記載した書類」等の提出等を求めた日から一定期間以内に法人からその書類の提出等があった場合には，価格調整措置による更生等は行われない。 移転価格税制に係る法人税の更正期間及び更正の請求期間等が7年（現行6年）に延長される。 比較対象取引の利益率を参照する価格算定方法に係る差異調整について，統計的手法（四分位法）が認められる。令和2年（2020年）4月1日以後に開始する事業年度分の法人税及び令和3年（2021年）分以後の所得税について適用される。

第 4 章

CFC ルールと税の競争
（統括会社とパテント・ボックス税制を中心として）

本章では，CFC ルール(1)の必要性について，現行の CFC ルールにおける重要な論点「統括会社・持株会社を誘致する税の競争」及び，「R&D センターとなるための税の競争における租税誘因措置（パテント・ボックス税制）」と，日本の CFC ルールとの関係を検討する。CFC ルールの趣旨が「租税回避」の防止であるとすれば，上記における税の競争は，はたして，CFC ルールの適用対象とするべきか否かを検討する。

第１節　統括会社・持株会社を誘致する税の競争と CFC ルール

１．経済活動基準における事業基準の持株会社と統括会社

日本は，企業が海外で広く事業展開するためであれば，客観基準でタックス・ヘイブンとなるような管轄が含まれていても，真性な事業活動を行う場合まで租税回避の防止を目的とする個別的否認規定である CFC ルールを適用する必要はないと考え，客観基準として経済活動基準を設けている。とはいえ，株式

(1)　本章においては，タックス・ヘイブン対策税制を CFC ルール（Controlled Foreign Corporation/ Company：被支配外国法人）という。

日本では，タックス・ヘイブン対策税制導入（昭和 53 年）後，平成４年の改正により軽課税国指定制度が廃止され，タックス・ヘイブン対策税制の課税要件である特定外国子会社等の判定基準が外国関係会社のうち所得に対する税負担 25%以下となったため，タックス・ヘイブン対策税制の創設時の本来の意味におけるタックス・ヘイブンに設立されたペーパー会社等を利用した租税回避を防止するという趣旨と，現行税制の趣旨は異なるためである。また，税負担 25%以下の国等が，そのままタックス・ヘイブン国等ということではなく，OECD（1998）*Harmful Tax Competition*（1998 年 OECD 報告書）では先進国の税制に潜む有害な租税優遇措置についても広義のタックス・ヘイブンとして議論しているためである。

なお，タックス・ヘイブンについての世界統一的な基準は確立されていないが，1998 年 OECD 報告書（有害な税の競争）においてタックス・ヘイブンの判定基準を次の通りに定めている。①金融，サービス等地理的な可動性の大きい経済活動から生じる所得に対して無税又は名目的な課税しか行わないこと，②他国と実効的な情報交換を実施していないこと，③税制などの法制度が透明性を欠如していること，④誘致する金融，サービス等の活動について実質的な活動が行われていることを要求していないこと。

の保有，工業所有権・著作権等の提供，航空機・船舶の貸付けを主たる事業とする特定外国子会社の設立は，本来，租税回避とみなされ，経済活動基準を認められないとされていた。

しかし，国際的な事業経営では内国法人が事業会社である外国子会社を直接所有するだけでなく，各地域・経済圏に地域統括会社・中間持株会社を設立し，その管理支配下に事業会社を置き，間接的に所有する外国子会社から成るグループ組織構造が常態化している。そしてさらに現在では，製造・販売の分離，金融・保険・資産管理保有・補助サービス等の「機能の分離」により各機能の系列化による多段階の法人所有連鎖が形成されるようになっている。

このような状況の下，平成22年度改正で，「統括会社」概念を導入し，株式等の保有を主たる事業とする特定外国子会社の範囲から「統括会社」を除外することとなった。統括会社とは，外国子会社合算税制における経済活動基準のうちの事業基準の中の一つを構成する要素である。国内法上，タックス・ヘイブンに所在する外国関係会社の事業が株式等の保有の場合には事業基準を満たすことなく，同社の所得が内国法人の所得に加算されることとされていた。しかし，一定の要件を満たす統括会社が被統括会社の株式を保有する場合には，事業基準を満たすとされることとなった。

ここでいう統括会社とは，以下の全ての要件を満たす外国関係会社を指す。

イ　内国法人に係る外国関係会社で，その内国法人等により発行済株式等の全部を直接又は間接に保有されていること

ロ　２以上の被統括会社を有し，その被統括会社の事業を統括する業務として一定のものを行っていること

ハ　所在地国において統括業務に係る固定施設及び統括業務を行うに必要な従事者（もっぱら統括業務に従事する者であって，その外国関係会社の役員を除く）を有すること

また，内国法人に係る外国関係会社が統括会社に該当する場合には，その外国関係会社が行う統括業務の内容及び被統括会社との資本関係図等を確定申告書に添付しなければならない。

なお，地域統括会社とは，国際的な事業編成の中で，日本本社が全ての子会社や孫会社を統括するのではなく，アジア，欧州，北米などの一定の地域にお

いて関係会社を統括する会社をいう。

２．「主たる事業」の判定

持株会社（holding companies）を①純粋持株会社と，②事業持株会社に区分すると，日本では，子会社が複数の事業を営むことは普通であり，株式等の保有が主たる事業であるかどうかの判定をめぐって確立した基準が明文化されていないため，裁判で争われ，収入金額，使用人の数，固定施設の状況等を総合的に勘案すべきであるという裁判例が以前からあった（東京地判平成 20 年８月 28 日判時 2023-13）。なお，「主たる事業」の判定をめぐる裁判例としては，近時においてはデンソー事件がある。

デンソー事件（最判平成 29 年 10 月 24 日民集 71-８-1522）事件は，平成 22 年度改正で統括会社が事業基準を満たすこととされる前の事案であり，シンガポールで地域統括業務を行う子会社の主たる事業が，事業基準にいう「株式の保有」であるか否かが争われたものである。最高裁は，地域統括業務は株式の保有に包含されるものではないとの判断を示し，その理由の一つとして，子会社の行っていた地域統括業務が「当該地域において事業活動をする積極的な経済合理性を有すること」を挙げている。

外国子会社合算税制における適用除外要件は，経済合理性を業種に即して具体化したものとして創設され，その後も，経済合理性があるものと評価することが適当であるものについては，適用除外要件の中で累次見直され，平成 29 年度税制改正においても，航空機リースや製造管理等を行う子会社等について，経済活動基準の中で見直しが行われたところである。適用除外要件をめぐるこれまでの裁判例においても，経済合理性については適用除外要件の中で判断すべきとして，経済合理性等の適用除外要件を付加することの不明確さ，課税執行面における安定性を害する点が指摘されてきたが，経済合理性の有無を重視する最高裁の本判決が，今後の同税制の解釈適用へどのような影響を与えるか注目されるところである[(2)]。

⑵　本田光宏「最近の主要な国際課税事案のフォローアップ」東京税理士界 2018 年１月１日号。

デンソー事件の判決は，非関連者基準・所在地国基準に関して「主たる事業」を判断するに当たって，適用除外基準の趣旨・目的に即して判断しているところに，その意義があると考える。すなわち，裁判所は，「事業基準，実体基準及び管理支配基準のほかに，その行う主たる事業に応じて，非関連者基準又は所在地国基準を満たすことが必要とされているところ，これは，①本店所在地国において資本投下を行い，その他の経済と密接に関連して事業活動を行っている場合には，その地に所在していることについて十分な経済的合理性の存在を推認し得ることから，同項1号に掲げる事業以外の事業（製造業，小売業，農業，林業，水産業等）が主たる事業の場合については，その事業を主として本店所在地国において行っている場合として政令で定める場合に該当するときは，所在地国基準を満たすものとして，適用除外を認めるが，②同号に掲げる事業（卸売業，銀行業，信託業，証券業，保険業，水運業又は航空運送業）が主たる事業の場合については，その事業活動が必然的に国際的にならざるを得ず，これらの事業を営む特定外国子会社等に対して地場経済との密着性を重視する所在地国基準を適用することには無理があり，それよりも，その事業の根本が関連者以外の者との取引から成っているか否かという基準によって事業が十分な経済的合理性を有するか否かを判断するのが適切であると考えられた」とし，所在地国基準・非関連者基準で「主たる事業」によって判断基準が分けられた趣旨・目的について確認した上で，本件の地域統括事業はシンガポールという場所との結びつきが乏しいものとはいえず，売買取引のみを取り出して「卸売業」と認定し，非関連者基準を採用することはできないとしている。適用除外基準の「主たる事業」の判定は，種々の考慮要素の総合判断であって一義的な判定が容易ではない。しかし，デンソー事件判決は，適用除外基準の趣旨・目的を勘案し判断を下しており，この点において，重要な意義があったといえる。

なお，デンソー事件の詳細を考察すると，従業員34～35人のうち20人以上が地域統括業務を担当し，それ以外の者はプログラム設計業務に従事し，株式保有業務に従事している者は1人もおらず，シンガポール子会社の収入金額のうち，地域統括業務に関する「売上高は約85%であったということから，収入金額，使用人の数，固定施設の状況からすれば主たる事業は地域統括会社と考えられる。

しかしながら，本件ではシンガポール子会社の「所得金額」の８～９割は保有株式からの配当が占めていたというのである。有価証券が総資産の額に対して占める割合は明らかになっていないが，所得金額の８～９割が保有株式からの配当が占めていたことからも明らかであるように，有価証券の保有総額は相当程度大きいと予測できる。本件のように「所得金額」の８～９割は保有株式からの配当が占めていたにもかかわらず，CFC ルールの適用除外となったことには，さらなる課題を残したこととなったのではないかと考える。

同事件の下級審，名古屋高判（平成 28 年２月 10 日月報 62-11-1943）では，「主たる事業」の判断に当たって，総合的に勘案し，事業のために保有している財産の資産総額に占める割合や当該事業による「所得金額の多寡」を重視すべきと判事していた。「経済合理性」を考えた場合には，収入ではなく所得での判定の方が，より経済合理性の判定基準としては優れており，経済合理性の判定基準をより一歩踏み込んだ判決を行っていたとも考えられるのではなかろうか。

事業形態の多様化により主たる事業を明確に判断することが難しくなった現代においては，国際課税については「経済合理性」を納税者が証明するよう，立証責任を納税者に転換する必要もあるのではないかと考える。

３．「キャッシュ・ボックス」概念

デンソー事件の最高裁判決では，「主たる事業」を判断する上で，あくまで，事業に属する収入金額の状況，使用人の数，固定施設の状況等を総合的に勘案して判定とし，適用除外基準の趣旨・目的も勘案するとされ，明確な基準は示されなかった。このような状況の中，平成 29 年度税制改正では CFC ルールの強化として新たに事実上の「キャッシュ・ボックス(3)」概念を導入した。

これは経済実体のない法人を利用した租税回避行為と捉え，これに対処する

---

(3)　令和元年度税制改正では，キャッシュ・ボックスの範囲に次のいずれにも該当する外国関係会社が追加された（租税特別措置法 66 条の６第２項２号ハ，租税特別措置法施行令 39 条の 14 の３第 12 ～ 16 項）。

(イ)　各事業年度の非関連者等収入保険料の合計額の収入保険料の合計額に対する割合が 10% 未満であること。

(ロ)　各事業年度の非関連者等支払再保険料合計額の関連者等収入保険料の合計額に対する割合が 50% 未満であること。

ためものであり，①総資産の額に対する有価証券，貸付金，固定資産及び無形資産等の合計額の割合が 50% を超える外国関係会社で，かつ，②総資産の額に対する一定の受動的所得の合計額の割合が 30% を超える外国関係会社に対しては，経済実体のない法人を利用した租税回避行為と捉え CFC ルールの対象とするものである（租税特別措置法施行令 39 条の 14 の 3 第 3・4 項）。本庄資教授は，「キャッシュ・ボックスについては，租税負担割合 30% 以上でなければ，会社単位の合算課税を受けるとされるので，オランダもシンガポールのキャッシュ・ボックスも当然対象となる。現在，日系企業のキャッシュ・ボックスの定義に該当するもの（総資産の額に対する一定の受動的所得の割合が 30% を超える外国関係会社）がどのくらい存在するのか。特に，オランダやシンガポールの日系企業のうちどのくらい存在するのか。ビッグフォア等租税専門家は，この分野における課税リスクについて警報を流している(4)」と述べている。また，実務において太田洋弁護士は，キャッシュ・ボックスに該当すれば会社単位の合算課税の対象となってしまうことから，期中に固定資産を譲渡することで算式の分母になる期末の総資産額が大幅に減少した場合や会計上の簿価が小さい無形資産から多額の収入を得ている場合には特に慎重に検討する必要であり，期末時点においてキャッシュ・ボックスの基準をクリアできているかどうかについてきちんとモニタリングをしておく必要があると警告している(5)。

この「キャッシュ・ボックス」の概念の導入は，CFC ルールの脆弱さを補う大きな手立てになる可能性があると考える。なお，実際のキャッシュ・ボックスは，すでに多くの「現金預金」が貯めこまれており，「現金預金」を含めた総資産ベースでの判定であることからすると，その効果は限定的であるといわざるを得ない。

したがって，「キャッシュ・ボックス」概念をより CFC ルールの強化につなげるためには，総資産の額からすでに多く貯めこまれた「現金預金」を控除し，

⑷ 本庄資「オフショア世界のはなし⒁平成 29 年度タックスヘイブン対策税制の見直しはシンガポールの地域統括会社・中間持株会社の維持発展にどんな影響を与えるか？」国際税務 2018 年 10 月号，105 頁。

⑸ 太田洋「トランプ税制改革とわが国企業への影響」租税研究 2019 年 3 月号，258 ～ 260 頁。

有価証券，貸付金，固定資産及び無形資産等の合計額の割合や，一定の受動的所得の合計額の割合を計算する方が，望ましいのではないかと考える。

４．「持株会社」の判定

また，持株会社や統括会社などの「中間持株会社」を誘致するため，EU では各種の租税誘因措置が一般法に埋め込まれている。OECD の「有害な税の競争」プロジェクトなどを通じて各国の租税優遇税制はこれを排除するよう国際的な圧力を受けているので，ルクセンブルクの「1929 持株会社税制」など特別法による優遇措置は姿を消し，一般法の規定により持株会社誘致や R&D 促進などの政策目的を実現できる洗練された税制に変遷してきている(6)。「統括会社」を事業基準から除外するに当たって，EU の「持株会社」，各国で導管として利用されている「中間持株会社」に，日本の CFC ルールの適用上，「統括会社」概念をどのように当てはめるかは重要な問題である。本庄資教授は，例えば，オランダのような導管国については，統括会社の要件が問題となる。オランダのような導管国においても，持株会社は「実体要件」を満たさなければならないが，当該「実体要件」では，直接の従業員を有することは必要とされず，信託事務所を有する場合にでも持株会社として租税優遇措置が適用される。仮にオランダ持株会社が特定外国子会社に該当するとした場合,「統括業務を行うのに必要な従業員」とは同社の内部雇用の従業員のみを意味するのか，信託事務所に委託することも含むのかを明らかにする必要がある(7)，と述べている。

日本の CFC ルールの趣旨が「租税回避」の防止であるとすれば，EU 及び EU 加盟国の持株会社・統括会社（中間持株会社）を誘致する「税の競争」を，「租税回避」誘因措置として，これを利用する日本企業の EU 子会社や EU 加盟国子会社について租税回避防止を目的とする CFC ルールの適用対象とするべきか否か検討する必要があろう。

現代の国際的タックス・プランニングでは，「持株会社」といっても単純持株

(6)　本庄資「オフショア・タックス・ヘイブンをめぐる国際課税－パテント・ボックスはタックス・ヘイブンか－」租税研究 2012 年 10 月号，266 頁。

(7)　本庄資「オフショア・タックス・ヘイブンをめぐる国際課税－パテント・ボックスはタックス・ヘイブンか－」租税研究 2012 年 10 月号，266 頁。

会社ではなく，地域統括会社や様々な機能を分担する中間持株会社又は事業持株会社が普通になっている。例えば，グループ内の資金調達・資金供給を任務とする金融会社，グループ内部取引の決済機関，グループ内企業の保険・再保険を任務とするキャプティブ保険会社，グループ内企業の資産を保有・管理・運用する資産保有管理会社，グループ内企業の貿易取引の中継拠点となる総合商社などがある。資産保有会社にはグループ企業の不動産・固定資産を一括保有してこれをグループ企業にリースすることを業とするリース会社やグループ企業のパテントを保有してこれをグループ企業に使用許諾（ライセンス）を与えるパテント保有会社やライセンシング・カンパニー，グループ内企業に必要な人材・労働力資源を供給する人材派遣会社などがある。これらのタックス・ヘイブン「機能別持株会社」を事業持株会社として認め，地域持株会社として取り扱うか否かの問題が生じる。

第2節　R&Dセンターとなるための税の競争における租税誘因措置（パテント・ボックス税制とCFCルール）

1．問題の所在及び研究の目的

インバージョンを促進する税制として，パテント・ボックス税制を採用する国が増え始めている。パテント・ボックス税制とは，多国籍企業の無形資産（知的財産や知的財産権，ノウハウなど）を諸外国から招き入れ，自国内に維持し，法的保護を与え，パテントを保有し，これを商業化・市場化することを促進するため，特別な軽減税率又は実効税率を軽減するための所得控除を認める税制をいう。

タックス・ヘイブンは，租税回避地・租税逃避地という訳語を当てると「場所」を指す用語のように見えるが，地域限定方式を採用していない日本のCFCルールでは場所としてのタックス・ヘイブンの定義はない。一切「タックス・ヘイブン」という用語を用いない日本の「外国子会社合算税制」では,「タックス・ヘイブン」の特定を論ずる必要性はないのかもしれない。

しかしながら，IP所得を減免するためのパテント・ボックスという租税誘因措置が「他国の税法令をほ脱し，または回避するために利用される」ときはタックス・ヘイブンの性質に該当すると考えた場合に，日本の CFC ルールの適用が可能といえるか否かについて検討することを目的とする。

２．「政令に定める外国関係会社」該当性の検討

米国のように特定の所得（Subpart F income）を「汚れた所得」（tainted income）として合算する方式もある。米国では，パテント・ボックス制度で IP 税率を適用される IP 所得や所得控除を認められる IP 所得をサブパート F 所得とする案も出ている。

日本の CFC ルールは，1978 年に導入されたときブラック・リストによる地域限定方式のタックス・ヘイブン対策税制であったが，1992 年に地域限定方式から客観基準方式に変更された。この時点で，タックス・ヘイブンという用語を全く使用しない日本の CFC ルールは，「特定外国子会社等」というエンティティ概念を用い，原則としてオールオアナッシングで適用されることとされた。「特定外国子会社等」は，外国子会社のうち「その本店所在地国における所得に対して課される税負担が本邦における法人の所得に対して課される税負担に比して著しく低いものとして政令で定める外国関係会社」と定義されている（租税特別措置法 66 条の 6 第 1 項）。したがって，外国子会社がまず「外国関係会社」（租税特別措置法 66 条の 6 第 2 項 1 号）に該当しない場合には合算課税されず，外国関係会社であっても「政令で定める外国関係会社」（租税特別措置法施行令 39 条の 14 第 1・2 項）に該当しない場合には，原則的に合算課税されない。

「外国関係会社」とは，外国法人でその発行済株式・出資の総数・総額のうちに居住者・内国法人並びに特殊関係非居住者が有する直接・間接保有の株式等の数の合計数・合計額の占める割合が 50% を超えるものをいう。

「政令で定める外国関係会社」とは，次のものをいう。

① 法人の所得に対して課される税が存在しない国又は地域に本店又は主たる事務所を有する外国関係会社（第 1 種の外国関係会社）

② その各事業年度の所得に対して課される租税の額が当該所得の金額の 20%（トリガー税率）以下である外国関係会社（第 2 種の外国関係会社）

上記より，パテント・ボックス導入国において設立された外国子会社が，第２種の「政令で定める外国関係会社」に該当するか否かを検討する必要がある。

第２種の外国関係会社になるかどうかの判定は，次の分数が20%未満であるかどうかによって行うこととされていた（旧租税特別措置法施行令39条の14第2項)。これを「トリガー税率」というが，現在は，基本点には廃止されている。

日本は，平成21年度改正で外国子会社配当益金不算入制度を導入したが，持株割合等の一定の要件が課される場合のみを二重課税排除措置として評価することは適当でないと考え，「一定の条件を問わず，外国関係会社の本店所在地国法令により非課税とされる配当等[8]」は分母の金額に加算すべき非課税所得から除くこととされた（租税特別措置法施行令39条の14第２項１号イ)。分母の所得の金額がない場合における特定外国子会社等の判定については，外国関係会社の主たる事業に係る収入金額から所得が生じたとした場合にその所得に対して適用されるその本店所在地国の外国法人税の税率によることとされた。例えば，繰越欠損金控除により分母の所得金額がないこととなる場合も，同様に判定されることとされた（租税特別措置法施行令39条の14第２項４号)。

第２種の外国関係会社の該当性を判定する分数式では分母の構成要素である「本店所在地国法令に基づく所得」の算定上，特別な非課税措置でなく一般税法において，EU加盟国間の受取収益の益金不算入と支払利子・支払使用料の寛大な損金控除を結合させて，「課税ベース」を限りなくゼロ化することを可能にすることによって「所得」がゼロになる場合に，本庄資教授は，「仮に分母が丁度0 になる導管スキームでは，分数は『不可』，『不定』または無限大になるため，『20%未満』にはなり得ないが，租税特別措置法施行令39条の14第２項４号の法解釈に委ねるのか，対抗措置の立法化をするか，政令に定める外国関係会社に該当しないことを認容するのか，明らかにする必要がある。[9]」と述べている。

政令に定める外国関係会社に該当するか否かの判定のための分数式では，パテント・ボックス制度のうち，①IP税率による制度は分子に影響し，②IP所得控除による制度は分母に影響する。パテント・ボックスによる租税誘因措置

---

(8) 諸外国，特にEU及びEU加盟国では参加免税（participation exemption）により外国子会社からの受取配当非課税が認められている。

(9) 本庄資「オフショア・タックス・ヘイブンをめぐる国際課税－パテント・ボックスはタックス・ヘイブンか－」租税研究2012年10月号，264頁。

の場合，分母の構成要素である「本店所在地国法令に基づく所得」として特別な所得控除を「本店所在地国法令で非課税とされる所得」としないのか，あるいはパテント･ボックス制度における IP 所得控除を「本店所在地国法令で非課税とされる所得」として加算すべきものとすべきなのかを明らかにする必要があろう(10)。

３．「受動的所得」該当性の検討

日本の平成 22 年度改正では，適用除外基準について，米国流の“tainted income”を導入した。すなわち，適用除外基準を満たす特定外国子会社であっても，「受動的所得（資産性所得）」を，「特定所得」といい，特定所得の合計額を「部分適用対象金額」といい，特定外国子会社等の株式等の 10% 以上を直接・間接に有する内国法人は，部分適用対象金額のうち所有株式等に対応する部分として計算した金額（部分課税対象金額）を収益の額とみなして益金の額に算入しなければならないと規定した。ただし，特定外国子会社等の部分適用対象金額が特定外国子会社等の税引前所得の５ ％相当額以下である場合又は特定外国子会社等の部分適用対象金額に係る収入金額の合計額が 2, 000 万円以下である場合には適用されない（租税特別措置法 66 条の６第５項）。なお，「特定所得」とは, ①特定法人（持株比率 10% 未満の法人）から受ける剰余金の配当等, ②債権の利子，③債権の償還金額，④特定法人の株式等の譲渡の対価，⑤債権の譲渡の対価, ⑥特許権の使用料及び⑦船舶･航空機の貸付けに係る所得など，その他一定のものをいうと規定されている（租税特別措置法 66 条の６第４項各号）。

国際的タックス･プランニングでは, EU 全域をカバーする欧州会社（SE）又は EU 加盟国に外国子会社（持株会社, 統括会社, 事業会社等を含む）を設立し，グループ組織構造を形成する場合，欧州で一般化した「特定所得」相当の所得に係る EU 加盟国間の相互免税（参加免税，利子･使用料の源泉徴収税の免除，キャピタル・ゲインの免税，租税条約の特典など）の享受の可能性を織り込む。仮に，パテント･ボックス制度における IP 所得が受動的所得に該当し, 日本の CFC ルー

(10)　本庄資「オフショア・タックス・ヘイブンをめぐる国際課税－パテント・ボックスはタックス・ヘイブンか－」租税研究 2012 年 10 月号，265 頁。

ルが適用され合算課税が行われた場合には，EU の租税の減免の効果は失われ，日本の税収が増加することとなる。この場合，日本と EU 又は EU 加盟国との国家レベルの課税紛争が生じることとなってしまう。

本庄資教授は，EU で一般化した「特定所得」相当の所得でなく，特にパテント・ボックス制度の適用対象となる IP 所得のみを合算課税することができるか，この問題を検討するには，原点に戻り，「R&D 租税誘因措置やパテント・ボックスを利用することは単なる節税行為か，あるいは租税回避行為になるのか。[11]」よく考える必要があると述べている。

4．パテント・ボックス税制導入の検討の必要性

日本の CFC ルールの趣旨が「租税回避」の防止であるとすれば，EU 及び EU 加盟国の一般化した租税誘因措置全般でなく，R&D 税額控除やパテント・ボックスなどの R&D・イノベーション租税誘因措置に限定して租税回避防止を目的とする CFC ルールの適用対象とすべきか否か，これは，極めて政治的な問題であると言わざるを得ないものであった。

米国では，パテント・ボックスについて，パテント・ボックスを CFC ルール（サブパート F）の対象として租税回避を防止すべきとする案（サブパート F 所得とする案）と，逆に米国もパテント・ボックス制度を導入すべきとする案が対立して，議論を交わしている状態である[12]。

2013 年からパテント・ボックス税制（Patent Box）を採用することとなった英国の租税政策が国際課税のトピックとなり，パテント・ボックス税制と CFC ルールの相互作用が議論されている。パテント・ボックス税制の採用は，アイルランドが 1973 年に最初に導入し，フランスが 2005 年，オランダとベルギーが 2007 年，ルクセンブルクとスペインと中国が 2008 年に導入し，ハンガリー，スイスもすでに採用している。

パテント・ボックス税制を有しない我が国やアメリカ，カナダ，オーストラ

---

(11) 本庄資「オフショア・タックス・ヘイブンをめぐる国際課税ーパテント・ボックスはタックス・ヘイブンかー」租税研究 2012 年 10 月号，267 頁。

(12) 本庄資「オフショア・タックス・ヘイブンをめぐる国際課税ーパテント・ボックスはタックス・ヘイブンかー」租税研究 2012 年 10 月号，268 頁。

リアなどは，この種の制度を導入するか，知的財産（intellectual property：IP）のオフショアへの流出を防止し，新しいパテントの国内保有を奨励するために法人税制の競争力の改善に努めるよう，租税政策の検討の必要性がある。R&D税額控除による成果であるIPが開発後の商業活動の成果を回収する前に軽課税管轄へ移転されることが許容できるか，又は，このような状況を放置できないとすれば現状を改善する必要がある。R&D税額控除だけではなく，①自らパテント・ボックス税制の競争に加わるか，②(i)移転価格税制の強化や(ii)CFCルールの強化で対処するかの選択に迫られる。

多国籍企業は，厳しい国際競争の中で，コスト最小化のインターナショナル・タックス・プランニングによりグローバル税負担（実効税率）の減少に努めるため，パテント・ボックス税制を活用する。これにより，無形資産の所在地国に利益とリスクを可能な限り配賦するため，我が国において形成し，保有してきたR&D・イノベーションの成果をパテント・ボックスに移転し，IP及びIPRから生ずる所得並びにIP及びIPRの譲渡益をパテント・ボックスの所在地国に集約することが考えられる。

我が国が個別的否認規定(13)によりこれに対処するか，上記①，②のいずれかの方向性を選択するか，BEPS行動5のネクサス・アプローチを踏まえて，租税政策の検討をする必要があろう。

---

(13)　本庄資教授は，「日本の租税回避防止規定は，租税回避の動機・意図という主観的要件でなく，客観的要件の規定で構成されるため，主要な経済大国の税の競争による各種の租税優遇措置を利用することが客観的基準を満たすことになることもあるが，現行制度ではいわゆる宥恕規定がないので，日本企業の国際競争力を維持するため，外国の租税優遇措置の利用により競争を有利にさせることが日本の国益に沿うと考えられる場合にもCFCルールを適用すべきかという問題もある。」と述べている。本庄資「オフショア・タックス・ヘイブンをめぐる国際課税ーパテント・ボックスはタックス・ヘイブンかー」租税研究2012年10月号，268頁。

第３節　OECD/G20 BEPS プロジェクト Action 3（CFC ルールの強化）の勧告

2015 年 10 月 5 日，OECD は Action 3（CFC ルールの強化）の最終報告書を公表し，次の勧告を行った。

⑴　CFC ルールを６つの構成要素（対象外国子会社，適用除外，対象所得の定義，所得計算ルール，親会社所得への合算方法，二重課税の排除方法）に分けて勧告したが，この勧告はミニマム・スタンダードでなく，各国がその税制全般のポリシーや国際義務に沿って柔軟に制度設計することを容認する。外国子会社への所得移転は，外国子会社設立国以外で行われた価値創造活動とそれによって生ずる所得を分離することによって行われるため，外国子会社の所得のうち,「実質的な経済活動を伴わない所得」を親会社の利益とみなして合算することとする。特に所得移転に利用されるおそれがある所得（例えば，持株会社，金融業，インボイシング・カンパニー（商品等を関連者から購入し，付加価値なしに他国に転売する会社），IP，デジタル商品・サービス，キャプティブ保険・再保険から生じる所得）を CFC 所得に含める。

⑵　CFC の定義：関連者・非関連居住者により法的持分・経済的持分を直接・関節に 50% 超保有されている事業体（法人，パートナーシップ，信託を含む）

⑶　CFC 所得の定義：次のアプローチ等を単独又は複合的に用いて合算対象所得を定義すること。

①　カテゴリーアプローチ（法的形式等に基づいて分類された所得）

・配当，利子，保険所得，販売・サービス，使用料，その他の IP 所得

②　実質アプローチ（実質的な経済活動を伴わなかった所得）

・所得の取得に実際に必要となった事業施設や熟練技能のある従業員の有無により判定する。

③　超過利潤アプローチ（軽課税国にある外国子会社の所得のうち通常所得を超える部分（超過利潤））

・所得計算ルール：親会社所在地国の法令により計算する。

・合算方法：納税者の外国子会社に係る保有割合により合算割合を決める。

・納税義務者の範囲：一定保有割合を超える納税者。

・適用除外：外国子会社の実効税率が一定水準を上回る場合には適用除外を認める。

以上の勧告は，取引アプローチ又はインカム・アプローチがエンティティ・アプローチより優れているとみており，CFC の範囲についてもパートナーシップ等を含め，CFC 所得についても，また，所得計算ルールについても，日本の外国子会社合算税制とかなり異なる CFC ルールを示唆している。

我が国は，この勧告に基づき，BEPS 防止の観点から，制度のあり方について見直し，近年改正を行っている。しかしながら，我が国の CFC ルールは，エンティティ・アプローチを基礎としたままで，ハイブリッドなルールとなっているため，年々改正をすればするほど複雑な制度となり，実務家の対応は容易ではない。

もともと，勧告では，「取引アプローチ又はインカム・アプローチ」が，「エンティティ・アプローチ」より優れていると述べていることから考えると，それぞれの優劣を議論し，そろそろ，取引アプローチ又はインカム・アプローチベースに変更した方が良いのではないかと考える。

結論

本章では，CFC ルールの必要性について，現行の CFC ルールにおける重要な論点「統括会社・持株会社を誘致する税の競争」及び，「R&D センターとなるための税の競争における租税誘因措置（パテント・ボックス税制）」と，日本の CFC ルールとの関係を検討した。

CFC ルールと統括会社・持株会社を誘致する税の競争では，デンソー事件を研究し，同事件の下級審，名古屋高判での「主たる事業」の判断に当たって，総合的に勘案し，事業のために保有している財産の資産総額に占める割合や当該事業による「所得金額の多寡」を重視すべきと判事していたことを鑑み，「経済合理性」を考えた場合には，「収入」ではなく「所得」での判定の方が，より経済合理性の判定基準としては優れており，経済合理性の判定基準をより一歩踏み込んだ判決を行っていたとも考えられるのではなかろうかと指摘した。また，事業形態の多様化により主たる事業を明確に判断することが難しくなった現代においては，国際課税については「経済合理性」を納税者が証明するよう，立証責任を納税者に転換する必要もあるのではないかと考えると述べた。また，現行の「キャッシュ・ボックス」の概念については，CFC ルールの脆弱さを補う大きな手立てになる可能性があると思われるが，実際のキャッシュ・ボックスは，すでに多くの「現金預金」が貯めこまれており，「現金預金」を含めた総資産ベースでの判定であることからすると，その効果は限定的であると言わざるを得ないため，総資産の額からすでに多く貯めこまれた「現金預金」を控除し，有価証券，貸付金，固定資産及び無形資産等の合計額の割合や，一定の受動的所得の合計額の割合を計算する方が，望ましいのではないかと提言した。

CFC ルールとパテント・ボックス税制では，仮に，パテント・ボックス制度における IP 所得が受動的所得に該当し，日本の CFC ルールが適用され合算課税が行われた場合には，EU の租税の減免の効果は失われ，日本の税収が増加することとなる。この場合，日本と EU 又は EU 加盟国との国家レベルの課税紛争が生じることとなってしまうと述べ，CFC ルールの適用対象とすべきか否か，これは，極めて政治的な問題であると言わざるを得ないものであると結論付けた。そして，パテント・ボックス税制について，パテント・ボックス税制を CFC ルールの対象として租税回避を防止すべきか，逆に日本もパテント・ボックス税制を導入すべきか，検討する必要があると述べた。

特に，新型コロナウイルス感染症の感染拡大を受けた日本における経済対策としては，グローバル企業が無形資産により国外で獲得した利益を，国外から日本へ使用料で資金を還流し，これを国内総生産に充てることにより，内需を拡大し，またこれにより無形資産を生み出すことができれば，さらに使用料の受け取りが増加することも可能になるのではないかと考える。この場合に有効であると考えるのは，パテント・ボックス税制である。「知財大国」である日本が，このパテント・ボックス税制という優遇税制を導入することにより，アウトバウンドでの収入を，国内の人材育成に活用することができ，中小企業も含めた内需の拡大につながれば，経済活性化の一端を担うことができるのではないかと考える。最近では，米国においても外国源泉の無形資産関連所得（Foreign-derived Intangible Income deduction「FDII」）については，米国法人が米国外で稼得したとみなされる一定の所得について 37.5% の所得控除を認める制度を導入している（IRC250）。

今こそ，租税政策としてパテント・ボックス税制を導入すべきではなかろうか。この場合には，米国で 2018 年 1 月 1 日より導入されたグローバル無形資産低課税所得（Global Intangible Low-taxed Income，以下「GILTI」）課税制度(14)の同時導入も検討に値すると考える。

CFC ルールについては，BEPS 最終報告書の勧告では，「取引アプローチ又はインカム・アプローチ」が，「エンティティ・アプローチ」より優れていると述べていることから考えると，それぞれの優劣を議論し，そろそろ日本も，取引アプローチ又はインカム・アプローチベースに変更した方が良いのではないかと述べた(15)。なお，取引アプローチ又はインカム・アプローチベースの検討には，米国の CFC 税制を詳細に研究(16)する必要があり，今後の課題としたい。

---

(14)　GILTI 課税制度とは，CFC のサブパート F 所得と同様に，GILTI 所得を米国株主において合算課税するという制度である（IRC951A）。

(15)　富岡幸雄教授は，「インカム・アプローチを基調としているが実務への配慮のためとしてエンティティ・ベースの便宜規定を残し不透明なハイブリッドのままになっているのではないか」と指摘している。富岡幸雄『検証企業課税論』（中央経済社，2018），430 頁。

(16)　米国の CFC 税制については，以下の文献で詳しく研究されている。
本庄資「オフショア・タックス・ヘイブンに関するアメリカの基本戦略の変化」『オフショア・タックス・ヘイブンをめぐる国際課税』（日本租税研究協会，2013），鍋谷彰男「外国子会社合算税制の対象とすべき租税回避について」税大論叢第 83 号（2015），佐藤正勝「国際的租税回避行為等の類型及び対応策－米国のタックス・ヘイブン税制との比較を中心として－」税大論叢第 22 号（1992）など。

日本の近年におけるタックス・ヘイブン対策税制の改正の概要

平成21年 (2009年)	特定外国子会社等が支払う配当等の額は，従来合算対象から除外されていたが，外国子会社配当益金不算入制度導入に伴い，当該配当等の額の部分も親会社の所得に合算されることとなった。
平成22年 (2010年)	海外に進出する企業の事業形態の変化や諸外国における法人税等の負担水準の動向を踏まえ，租税回避行為をより一層的確に防止するため，主に以下の措置を講じた。 イ　特定外国子会社等に該当することとされる著しく低い租税負担割合の基準（いわゆるトリガー税率）の引下げ（25％以下→ 20％以下） ロ　適用を受ける内国法人等の直接及び間接の外国関係会社株式等の保有割合要件の引上げ（５％以上→ 10％以上） ハ　特定外国子会社等の適用除外基準に関し，以下の見直し ①　一定の統括業務を行う事業持株会社については，事業基準を満たすこととする ②　一定の物流統括会社が被統括会社との間で行う取引については，非関連者基準の判定上，関連者取引に該当しないこととする ③　平成17年（2005年）に講じたハの措置を廃止する ニ　資産性所得（持株割合10％未満の株式等に係る配当・譲渡益，債券の利子・譲渡益等，工業所得権等の使用料及び船舶・航空機の貸付けの対価）合算課税制度の導入
平成23年 (2011年)	トリガー税率の計算上，外国関係会社の本店所在地国以外の国や地域に所在する法人から受ける配当等が非課税所得の範囲から除外されるための持株割合要件等が廃止された。
平成24年 (2012年)	内国法人等が外国子会社合算税制の適用を受けた外国孫会社から外国子会社を通じて受けた間接配当等の額がある場合の二重課税調整について，間接配当等の額の算出方法が改正された。
平成25年 (2013年)	無税国等に所在する特定外国子会社等の所得のうち他の国や地域で課税されるものがある場合の外国税額控除の限度額の算出式が見直された。
平成27年 (2015年)	トリガー税率が20％以下から20％未満に引き下げられた。
平成28年 (2016年)	英国ロイズ市場で保険業を行う特定外国子会社等に係る適用除外基準の見直し等が行われた。

平成29年（2017年）	外国子会社の経済実態に即して課税を行うべきとするBEPSプロジェクトの基本的な考え方を踏まえ，以下の点を中心として，制度の抜本的見直しが行われた。 イ　トリガー税率の廃止 改正前は，租税負担割合が著しく低い「特定外国子会社等」に該当しない限りは，外国子会社合算税制の適用対象外であったものの，改正後は，「外国関係会社」に該当すれば，原則として外国子会社合算税制の適用対象となった。ただし，改正後に新たに設けられた適用除外基準が，従来のトリガー税率と実質的に同様の機能を果たしており，外国子会社所在地・地域の租税負担割合を考慮する考え方は維持されている。 ロ　ペーパーカンパニー等，類型的に租税回避のリスクが高い会社への課税規定の創設 ハ　実質支配基準の導入及び持株割合計算方法の見直し ニ　経済活動基準の判定方法の見直し 改正前の適用除外基準は「経済活動基準」と呼ばれることとなり，事業基準，所在地国基準及び非関連者基準の判定方法の見直しが行われた。 ホ　受動的所得の範囲拡大 改正前の平成22年（2010年）のニの資産性所得の範囲に加え，デリバティブ取引に係る損益，為替差損益，無形資産の譲渡損益，資産・人件費・減価償却費等の裏付けのない異常所得等が受動的所得の範囲に加わり，部分合算課税制度の対象となった。
平成30年（2018年）	海外の企業グループを買収した後の円滑な事業再編を促進するため，一定の株式譲渡益については適用対象金額から控除することとされ，合算課税を受けないこととなった。その他，平成29年度税制改正の追加的見直しとして，無税国に所在する外国関係会社の租税負担割合の算定方法が見直される等の措置が講じられた。
令和元年（2019年）	特に米国において，ビジネス上の必要からパススルー事業体を投資ビークルとして活用する事例等が一般的に見られることを受け，ペーパーカンパニーの範囲の見直しや，適用対象金額の計算の明確化等の対応が講じられた。

令和２年 (2020 年)	平成 29 年度の受動的所得の範囲の拡大に対し，「商品販売に際して取引先にユーザンスを供与した場合に受け取る利子」について，事業活動に直接関わる所得として受動態所得から除外する措置を盛り込み，部分合算課税の範囲の適正化等が行われた。

第５章

コーポレート・インバージョン対策税制の一考察

（「実際の管理場所（PEM 制度 :Place of Effective Management）」導入の検討）

本研究の目的及び問題の所在

現行の日本においては，東京高裁平成 19 年（行コ）148 号平成 19 年 11 月 1 日により，CFC 税制は租税条約と整合的であると判決が出されたが，平成 19 年度税制改正により，コーポレート・インバージョン対策税制が創設されている(1)。この制度は，CFC 税制と同様に特定外国法人の留保利益を日本の株主の擬制収益としてその収益に加算することによって，租税回避スキームとしてのコーポレート・インバージョンの効果を減殺することを目的とする個別的否認規定であるが，本章においては，クロスボーダー企業再編税制と国際的租税回避対策（いわゆる，コーポレート・インバージョン対策税制）の制度を概観(2)し，その上で，コーポレート・インバージョン対策税制と既条約締約国である軽課税国との租税条約の関係を検討する。

---

(1)　令和元年度税制改正において，特殊関係株主等である内国法人等に係る外国関係法人に係る所得の課税の特例（コーポレート・インバージョン対策合算税制）の改正がされている。特殊関係株主等である内国法人等に係る外国関係法人に係る所得の課税の特例について，外国子会社合算税制と同様の改正が行われた（租税特別措置法 40 条の 7・8，66 条の 9 の 2 ～ 4，租税特別措置法施行令 25 条の 25 ～ 27，39 条の 20 の 2 ～ 4 ・ 7，租税特別措置法施行規則 18 条の 20 の 2，22 条の 11 の 2）。

(2)　コーポレート・インバージョンに関する文献は，森信茂樹「三角合併とコーポレート・インバージョン」証券税制研究会編『企業行動の新展開と税制』（日本証券経済研究会，2007）201 頁，中里実「タックス・ヘイブン親会社」税研 125 号 92 頁，岡村忠生・岩谷博記「国外移転に対する実現アプローチと管轄アプローチ－インバージョン取引を中心に－」岡村忠生編『新しい法人税法』（有斐閣，2007）285 頁，西本靖宏「三角組織再編に対する課税についての一考察」ジュリスト 1302 号 158 頁，緒方健太郎「クロスボーダーの組織再編成に係る税制改正（インバージョン対策等）について」ファイナンス 2007 年 8 月号 42 頁，山崎昇「コーポレート・インバージョン（外国親会社の設立）と国際税務－クロスボーダーの三角合併解禁に伴う国際的租税回避の懸念－」税大論叢 54 号 1 頁，渡辺徹也「三角合併と課税－アメリカ法との比較を中心に－」岡村忠生編『新しい法人税法』（有斐閣，2007）115 頁，本庄資「ブッシュ政権の租税政策－インバージョン取引の阻止について－」税経通信 2005 年 7 月号 109 頁，本庄資「ブッシュ政権の租税政策－インバージョン取引の阻止による税収確保－」税経通信 2005 年 8 月号 147 頁，などがある。

第1節　クロスボーダー企業組織再編税制と国際的租税回避対策

国際的な企業組織再編成は，日本では，従来，それに伴う税負担が阻害要因となり，それほど活発ではなかった。しかし，平成19年度税制改正により，合併等対価の柔軟化により，三角合併，三角分割及び三角株式交換が適格組織再編成として認められ，合併会社等の外国100％親会社の株式を被合併会社等の株主に交付した場合にも，適格合併等として，被合併会社については移転資産の譲渡損益について課税繰延べが認められることとなった（法人税法２条12号の８，11及び16，法人税法施行令４条の２第１項，５項及び14項）。また，被合併法人等の株主については，再編時の株式の譲渡損益の課税繰延べが認められたため（法人税法61条の２第２項，４項及び９項，法人税法施行令119条の７の２），従前の税負担の阻害要因が排除された。これにより，今後は国際的組織再編成が増加するものと予想される。

なお，平成19年度税制改正においては，国際的三角合併を適格化した上で，それによって生ずるおそれのある課税漏れや租税回避を防止するために，以下の対抗策を講じている。

１．非居住者等に対する課税

三角合併等にかかる被合併法人等の株主である非居住者又は外国法人（合わせて，「非居住者等」という）に外国親法人の株式が交付された場合に，旧株の譲渡損益ついて課税繰延べを認めると，非居住者等が日本に営業所その他の恒久的施設をもっていない限り，交付された外国親法人株式が外国で譲渡された場合には，課税が繰り延べられていた譲渡益に課税することが難しいため，平成19年度税制改正では，三角合併等に当たり非居住者等に外国親法人の株式が交付される場合には，日本に恒久的施設を有するか否かを問わず原則として課税繰延べを認めず，合併等のときに旧株の譲渡益に課税することとされた（租税特別措置法37条の14の２第１項～３項，７項）[(3)]。

2．適格合併等の範囲に関する特例

企業グループ内の内国法人間で行われる三角合併のうち,「特定グループ内合併」に該当するものは，適格合併の範囲から除外され，合併の適格性が否定されることになった(租税特別措置法 68 条の 2 の 3 第 1 項)。この場合の「特定グループ内合併」とは，次の①と②のいずれにも該当する合併である。①被合併法人と合併法人との間に特定支配関係（一方が他方の発行済株式等の 50%超を有する関係，又は双方が同一の者によって発行済株式等の 50%超を所有されている関係（租税特別措置法 68 条の 2 の 3 第 85 項 2 号，租税特別措置法施行令 39 条の 34 の 3 第 10 項及び 11 項))。②被合併法人の株主等に交付される株式が，特定軽課税外国法人（法人の所得に対して課される租税が存在しない国に本店等を有する外国法人，又は合併が行われる日を含むその外国法人の事業年度開始の日前 2 年以内に開始した各事業年度のうち，いずれかの事業年度において，所得に対して課される租税の額が所得の 25%以下であった外国法人（租税特別措置法 68 条の 2 の 3 第 5 項 1 号，租税特別措置法施行令 39 条の 34 の 3 第 5 項)）の株式であること(4)。

この規定は，三角合併を利用して，内国法人をその経済実体や株主構成を変えずに CFC 子会社にすることを認めると，CFC 税制の適用の回避や種々の租税回避が行われる可能性があるため，それに対抗するための個別的否認規定であり，コーポレート・インバージョンに対処するための措置である(5)。

---

(3)　ただし，非居住者等が日本に恒久的施設を有する場合において，交付を受けた外国親法人株式が，国内において行う事業にかかる資産として管理されていた株式（国内事業管理株式）に対応して交付を受けた株式であり，旧株と同様に日本における恒久的施設においてその事業のために管理されているもの（国内事業管理外国親法人株式）であるときは，その把握が可能であるため，日本の居住者又は内国法人と同じように課税の繰延べを認めることとした（租税特別措置法 37 条の 14 の 2 第 1 項～ 3 項各括弧内，租税特別措置法施行令 25 条の 14 第 1 項，法人税法施行令 188 条 7 項)。なお，非居住者等が，その有する国内事業管理外国親法人株式の全部又は一部を国内において行う事業にかかる資産として管理しないこととなる行為を行ったときは，その行為が行われたときに，そのときの時価によりその国内事業管理外国親法人株式の譲渡があったものとみなして課税を行うこととされた（租税特別措置法 25 条 14 第 4 項，租税特別措置法施行令 25 条の 14 第 2 項，法人税法施行令 188 条 2)。

３．特定の合併等が行われた場合の株主の課税

居住者又は国内に恒久的施設を有する非居住者（居住者等という）が，旧株を発行した内国法人が行った特定非適格合併（租税特別措置法 37 条の 14 の２第５項１号に規定する特定合併のうち，適格合併に該当しないもの）により，その法人の発行済株式の全部を保有する外国合併親法人株式（租税特別措置法 37 条の 14 の２第５項２号）の交付を受けた場合において，その外国合併親法人株式が特定軽課税外国法人の株式に該当するときは，その外国合併親法人株式の価格に相当する金額は，株式等の譲渡による収入金額とみなして譲渡所得課税を行うこととされた（租税特別措置法 37 条の 14 の３第１項１号，37 条の 10 第１項）[6]。

この規定は，日本の内国法人の親会社に該当する CFC 会社について，日本の個人及び法人株主の持株数の増大によりその影響力を強化することが可能となり，種々の租税回避が行われる可能性があるため，これらを防止することを目的として規定されたものである[7]。

４．特定外国法人の課税の特例（擬制所得合算課税）

少数の株主グループ（特定株主等）によって支配されている内国法人（特定内国法人）と株主の間に，三角合併のような租税回避スキームを利用して，同じ株主等の支配する CFC 子会社を設立し，その子会社を特定内国法人の親会社

(4)　なお，この規定は CFC 税制の適用除外規定の５要件に該当する場合には除外される。三角合併が，①被合併法人の主要な事業のいずれかと合併法人の主要な事業のいずれかが相互に関連していること，②合併法人の合併前の売上金額等の合計額が，被合併法人の合併前の売上金額等の合計額のおおむね２分の１を下回るものでないこと，③合併法人の合併前の主要な事業が，株式，債券の保有，無体財産権の提供でないこと，④合併法人が日本において企業の実体を有していること，⑤合併法人の合併前の特定役員の過半数が被合併法人又は外国親法人の役員その他の関係者でないこと（租税特別措置法 68 条の２の３第１項，租税特別措置法施行令 39 条の 34 の３第１項）。また，三角分割及び三角株式交換についても，同旨の規定が設けられた（租税特別措置法 68 条の２の３第２項及び３項，租税特別措置法施行令 39 条の 34 の３第２項～４項）。さらに，内国法人の有する軽課税国の外国親法人の株式を，その内国法人にかかる軽課税国の外国親法人等に移転する現物出資も適格現物出資の範囲から除かれることとされた（租税特別措置法 68 条の２の３第４項）。

(5)　金子宏『租税法（第 23 版）』（弘文堂，2019），646 頁。

とすると，特定株主等はCFC会社を通じて，特定内国法人を間接にではあるが今まで通りに支配することができ，例えば特定内国法人の配当の増額，CFC会社から特定株主等への配当の減額等，種々の方法を用いて，再編成以前は特定内国法人及び特定株主等の所得となっていたものをCFC子会社に帰属させることにより，租税回避や節税を図ることができる。これは，典型的なコーポレート・インバージョンの例である。そこで，これに対処するため，特殊関係株主等と特殊関係内国法人との間に，当該特殊関係株主等が，CFC子会社を通じて当該特殊関係内国法人の発行済株式又は出資の総数又は総額の80%以上の数又は金額の株式等を間接に保有する関係（特定関係という）がある場合において，当該特殊関係株主等と特殊関係内国法人との間に発行済株式の保有等を通じて介在する外国法人（外国関係法人という）のうち，特定軽課税国法人に該当するもの（特定外国法人という）が，各事業年度において，適用対象留保金額（その未処分所得の金額から剰余金の配当等に充てた金額を控除した金額）を有するときは，その適用対象留保金額のうち国内の株主等の持株割合に対応する金額は，内国法人ないし居住者である特殊関係株主等の収益の額とみなして，その益金の額に算入することとされた（租税特別措置法66条の9の6第1項）[8]。

この規定は，CFC税制と同様に，特定外国法人の留保利益を日本の株主の擬制収益としてその収益に加算することによって，租税回避スキームとしての

⑹　また，国内に恒久的施設を有しない非居住者についても，その有する株式について同様の要件に該当する組織再編成が行われた場合に，その所得が国内源泉所得に該当するときは，居住者と同様に課税することとされた（租税特別措置法37条の14の3第5項，37条の12）。特定非適格分割型分割及び特定非適格株式交換についても，特定非適格合併と同旨の規定が設けられた（租税特別措置法34条の14の3第1項2号，3号及び同5項，37条の12）。なお，法人が，旧株を発行した内国法人の行った非適格合併により，その法人の発行済株式等の全部を保有する外国法人の株式の交付を受けた場合において，その外国法人の株式が特定軽課税外国法人の株式に該当するときは，旧株の譲渡について簿価譲渡による譲渡損益の計上の繰延べを認めず，旧株の時価による譲渡を行ったものとして譲渡損益の計上を行うこととされた（租税特別措置法68条の3第1項，法人税法61条の2第2項）。非被適分割及び非適格株式交換についても，同旨附の規定が設けられた（租税特別措置法68条の3第2項及び3項，法人税法61条の2第4項及び9項）。

⑺　金子宏『租税法（第23版）』（弘文堂，2019），647頁。

コーポレート・インバージョンの効果を減殺することを目的とした個別的否認規定である[9]。

第2節　日本におけるコーポレート・インバージョン対策税制とアメリカ内国歳入法典第7874条

第1節の1は，課税漏れを防ぐための措置であり，2，3及び4は，コーポレート・インバージョンによる租税回避に対抗するために規定された措置である。

日本では従来，国際的な企業組織再編成は，それほど活発ではなかったが，平成19年度税制改正により，クロスボーダー企業組織再編が柔軟化された。コーポレート・インバージョンは，上場企業は既存会社の解散や新株式の発行，交換及び新規上場手続きなどの問題があり，簡単にコーポレート・インバージョンによる組織再編成をするとはできないが[10]，少数株主企業によるコーポレート・インバージョンを利用した組織再編をすることは比較的簡易に可能であるのではないかと思われる。コーポレート・インバージョンを行うメリットとしては，軽課税国の会社を親会社とすることによって，高税率国での子会社の利益を貸付金利子や使用料の支払いにより，子会社の利益を吸い上げ圧縮することにあるであろう。この場合，コーポレート・インバージョンの方が，単に軽課税国で子会社を設立しその子会社がCFC税制の適用除外規定に該当するよ

---

(8)　ただし，特定外国法人が，その本店又は主たる事業所の所在する地において固定施設を有するものである場合には，適用対象留保金額の計算上，人件費の10%に相当する金額を控除することとされており（租税特別措置法66条の9の6第3項），さらに，一定の業種において事業を主として特殊関係内国法人と特殊関係株主等以外の者との間で行っている場合（租税特別措置法66条の9の6第4項1号，租税特別措置法施行令39条の20の11），又は，その事業を主として本店あるいは主たる事務所の所在する国ないし地域で行っている場合（租税特別措置法66条の9の6第4項2号）には，当該年度の適用対象留保金額についてはこの規定を適用しないこととされている（租税特別措置法66条の9の6第4項）。

(9)　金子宏『租税法（第23版）』（弘文堂，2019），648頁。なお，CFC税制は，発行済株式等の保有割合が5％以上の株主に対して適用されるが，この特例規定の適用がある場合は，5％未満の株主もCFC税制の納税義務者となる。

うに工夫し，租税回避を図るよりも租税の軽減効果があり，より単純である。したがって，この場合においては，第1節の4の特定外国法人の課税の特例（擬制所得合算課税）が租税回避スキームの対抗策として重要となる。しかし，この対策税制では「シティと日興（前掲注(10)参照）」のように複数回に分けて組織再編を行った場合には，どのくらいの期間が空いたら対策税制の要件に該当しないのか否か，又は，複数回及び複層化した組織再編が行われた場合には対応できるのか疑問の余地が残るところである(11)。なお，この規定は，アメリカの内国歳入法典第 7874 条を参考に考案されたものである。

アメリカ内国歳入法典第 7874 条は，2004 年に導入され，次の3つの要件によりコーポレート・インバージョンを特定している。

①　アメリカ法人が外国事業体の子会社になるか，又はその保有する直接又は間接の資産を実質的に全て外国法人に移転したこと。

②　当該外国事業体の株式持分の議決権又は価値の 60％以上を当該米国法人の旧株主が保有していること。

③　当該外国事業体が，その設立国において，実質的な事業活動を行っていないこと。

アメリカでは，このようにコーポレート・インバージョンを特定した上で，②の株式持株要件が 80％以上の場合は，当該外国法人を内国法人とみなしてアメリカ税法が適用される。また，②の持株要件が 60％ 以上 80％未満の場合には，

---

(10)　「アメリカシティグループ（米シティ）」は 2008 年1月，「日興コーディアルグループ（日興 CG）」と株式交換を完了し，日興 CG を完全子会社化した。その後，両グループの経営統合も組織再編により行った。2008 年5月，米シティの子会社である日本法人「シティグループ・ジャパン・ホールディングス」と日興 CG が合併し，「日興シティホールディングス」となった。株式交換は，多額の現金の流出を避けて迅速に完全子会社化が実現できる手法である。なお，日興 CG が米シティの 100％子会社となったため，各証券取引所では日興 CG は上場廃止となり，替わりにシティグループ・ジャパン・ホールディングスが東京証券取引所に上場した。世界最大級の金融グループである米シティが「三角合併」方式を活用したＭ＆Ａを行うことにより，今後，外資の同手法による日本企業買収が続く可能性もあるといえる（日興シティホールディングス報道発表資料を参考とした）。

(11)　この問題については，法人税法 132 条の2（組織再編に係る行為計算否認規定）と，あわせて検討する必要もあろう。

組織再編成後10年間，内国法人の課税所得が，組織再編成の一環として認識される所得，及び，外国関連者に資産を譲渡及び使用許諾して得る所得を下回ることができないこととされる。つまり，当該外国法人を外国法人として取り扱うが，10年間は，繰越欠損金や外国税額控除等を使用することができないこととされた。

国境を越える組織再編成については，アメリカの「設立準拠法基準」や日本の「本店所在地基準」により内国法人と外国法人の区分をしている場合，インバージョンの問題を避けるためには，このような対抗措置が必要となる。しかし，現行のこのコーポレート・インバージョン対策税制を実際に適用した場合には，租税条約との関係において問題が生ずるのではないかと思われる。

第3節　コーポレート・インバージョン対策税制と租税条約オーバーライド及び追っ掛け（域外）課税との関係の検討

日本においては，東京高裁平成19年（行コ）148号平成19年11月1日により，CFC税制は租税条約と整合的であると判決が出されたが，コーポレート・インバージョン対策税制は，その後の平成19年度税制改正によるものである。

日本のコーポレート・インバージョン対策税制は，タックス・ヘイブン対策税制と同様に，特定外国法人の留保利益を日本の株主の擬制収益としてその収益に加算することによって，租税回避スキームとしてのコーポレート・インバージョンの効果を減殺することを目的とする個別的否認規定であるが，日本では国内法と租税条約の関係につき，通説が租税条約優位説に立脚していることから，国内法の規定である当該コーポレート・インバージョン対策税制を実際に既租税条約締約国との間で適用した場合には，「租税条約オーバーライド」の議論が起こり得る可能性があるのではないか。日本の当該規定はアメリカ内国歳入法典第7874条を参考に定めたものであるが，前述した通り，そもそも日本とアメリカは租税条約オーバーライドに関する考え方に相違があり(12)，アメリカでは租税条約オーバーライドの問題となる規定もいくつか定めている現状である。日本では当該規定が抑止効果となりそれが有効に働き減殺されれば問題とはならないが，実際に既租税条約締約国との会社間において（例えば，シンガポール），コーポレート・インバージョン対策税制の適用がなされた場合には租税条約オーバーライドの問題が生じると思われる。

また，当該コーポレート・インバージョン対策税制が租税条約未締結国である軽課税国又は無税国との会社間において適用された場合には，「追っ掛け（域外）課税の禁止」に抵触するのか否かの検討については，CFC 税制では，「納税主体の取替え」により，外国子会社の留保所得を内国親会社の株主に課税しているという理論であるが，コーポレート・インバージョン対策税制は，外国親会社の留保所得を内国子会社の株主と特殊関係のある外国親会社の株主に課税するという理論構造である。これは，間接的にではあるが国内税法を外国法人に域外適用しているのではないかとも解することができ，「追っ掛け（域外）課税の禁止」に違反するものではないかとも思われる。間接的ではあっても「追っ掛け（域外）課税の禁止」とならないのであれば，どこまで間接的であっても良いのか，又は，諸外国の個人に対する規制のように期間的制限があれば良いのか，さらには，OECD モデル条約第 10 条 5 項の「追っ掛け（域外）課税の禁止」は何のための規定なのか⒀，という疑義が生ずる状態である。「追っ掛け（域外）課税の禁止」条項との関係については，CFC 税制と同様に，議論の余地の残るところである。

⑿　前述したように，アメリカでは国内法と租税条約は同等に位置付けられているが，日本では国内法と租税条約とでは条約優位説に立脚している。

また，米国財務省専門説明書では，一方の締約国が他方の締約国の居住者である法人の留保収益に関し自国の居住者である株主に課税する権利は，新日米租税条約第 10 条 8 項によって禁止されるものではないとされている。アメリカは，外国同族持株会社税，サブパート F やアメリカ資産に投資される収益の増加に対する租税，適格ファンドであるパッシブ外国投資会社の所得に対する租税はこの条約の規定によって禁止されないと考えている。本庄資『新日米租税条約解釈研究－基礎研究－』（税務経理協会，2005），123 頁。

⒀　租税法学会『国際租税法の新たな潮流　租税法研究第 36 号』（有斐閣，2008），133 頁〔村井正発言〕。

第4節　小括

平成19年度税制改正により創設された，コーポレート・インバージョン対策税制を，近時のCFC税制に関する裁判例である東京高裁平成19年（行コ）148号平成19年11月1日でのCFC税制は租税条約と整合的であるとの判決をもとに，CFC税制と租税条約との関係を諸外国の議論及びOECDにおける議論などを参考に検討していくと，コーポレート・インバージョン対策税制は既条約締約国とは租税条約オーバーライドとなり，また，条約未締結国とについては追っ掛け（域外）課税の禁止に抵触するのではないかという結論となった。したがって，現行のコーポレート・インバージョン対策税制は租税条約との関係についての訴訟の温床となりかねない制度ではないかともいえよう。しかし，今後の日本においては，組織再編税制の柔軟化を利用して，少数株主企業によるコーポレート・インバージョンによる組織再編の利用が高まるのではないかとも思われる。この場合，国際的租税回避対抗措置としての個別的否認規定が必要不可欠であるが，現行のコーポレート・インバージョン対策税制での対抗措置だけでは，複数回及び複層化した組織再編に対応できるのか否かということと，既租税条約締約国（例えば，シンガポール）との関係においては租税条約オーバーライドの問題，また，租税条約未締結国とは追っ掛け（域外）課税禁止に抵触するのではないかという問題も抱えており，法的安定性を欠き不十分なのではないだろうか。

しかし，軽課税国を利用したコーポレート・インバージョンが行われると，国内企業の利益が圧縮され国家税収が減少するだけではなく，国内企業が開発した知的財産である無形資産の所有権も国外企業に移転することとなってしまう。しかも，当該無形資産の研究開発費は国内において税額控除を適用したものである場合もあり得るのである。これらより検討すると，コーポレート・インバージョンを利用した租税回避行為に対する対抗措置は必要不可欠である。この場合において，対抗措置として考えられることは内国法人と外国法人の区分における実質管理支配地基準の適用である。本庄資教授も，コーポレート・インバージョンに対する対抗措置として，「法人の居住地国の判定を「形式的な登録の場所」のみによる本店所在地基準ではなく，一定の基準により「実質管理支配が行われる場所」をも本店とする本店所在地基準に変更することも一案であろう(14)。」と述べている。

また，アメリカにおいては，管理支配地基準の導入は税法の根幹に係る問題であり，仮にコーポレート・インバージョン対策に限定して導入したとしても，幅広い影響が予想されるため管理支配地基準を導入するアプローチには慎重になったともいわれている(15)。

なお，OECDモデル条約で採用している法人の居住地国判定は実質管理支配地基準である。日本もOECDモデル条約と同様に実質管理支配地基準とし，二国間租税条約において両国の居住者の区分を明確にし居住地国間課税の取決めを行えば，コーポレート・インバージョン対策税制についての租税条約オーバーライドの問題は回避されるであろう。

実質管理支配地基準をすでに採用している諸外国においても，その制度にはバリエーションがあり，また，実質管理支配地基準については，どのような基準を満たす場合に実質管理支配地と判定するかという問題をめぐり議論の余地も少なくないと思われるが，日本の現行税制である本店所在地基準では，形式的に本店所在地を海外に移転することにより，実際には日本で管理支配されているにもかかわらず，税法上は外国法人となってしまう。このような事態に対処するためにも，CFC税制及びコーポレート・インバージョン対策税制については，内国法人と外国法人の区分における実質管理支配地基準導入の検討が必要であると考え，次節において検討する。

---

(14)　本庄資『国境に消える税金』（税務経理協会，2005），34頁。

(15)　緒方健太郎「クロスボーダーの組織再編成に係る税制改正（インバージョン対策等）について」ファイナンス2007年8月号，49頁。

第5節　内国法人と外国法人の区分における実質管理支配地基準導入の検討

CFC税制については，1987年のOECD報告書[(16)]をもとに検討すると，立法論としては，「エンティティ・アプローチ」においては，①CFC子会社等の法人格を否認する制度，②CFC子会社を内国法人とみなす制度，③実質管理支配地により居住地国を判定する基準を採用し，CFC子会社が内国法人とされる制度，などが考えられ，また，「取引的（所得帰属）アプローチ」においては，④CFC子会社の未分配所得を内国株主に帰属させる制度，などが考えられる。本章においては，上記のうち③の実質支配管理地基準の導入が，前述したCFC税制及びコーポレート・インバージョン対策税の問題点の解決策として最良の方法ではないかと考え検討を行う。なお，前述したように，CFC税制は，その国の政策により「エンティティ・アプローチ」と「取引的（所得帰属）アプローチ」のいずれによるかによって異なるが，本章においては，CFC税制の「エンティティ・アプローチ」と「取引的（所得帰属）アプローチ」の政策の相違による制度の検討は対象外とし，日本の現行税制である「エンティティ・アプローチ」での検討を行うものとする。

法人を内国法人（居住法人）と外国法人（非居住法人）に区分する基準には，①日本が採用している「本店所在地基準」，②アメリカ，フィリピンなどが採用している「設立準拠法基準」，③シンガポール，マレーシアなどが採用している「実質管理支配地基準」，④イギリス，ドイツなどが採用している「実質管理支配地と本店所在地の併用基準」がある。それぞれの基準の特徴は，以下の通りである。

1．本店所在地基準

日本の税法では，「内国法人」を「国内に本店又は主たる事務所を有する法

(16)　OECD（1987）*International Tax Avoidance and Evasion*（1987年OECD報告書），95頁。

人」（法人税法２条３号，所得税法２条１項６号）としており，「外国法人」は「内国法人以外の法人」（法人税法２条４号，所得税法２条１項７号）と規定している。なお，「本店又は主たる事務所」についての定義はなく，民法 50 条及び旧商法 54 条２項からの借用概念により，法人登記の「法人の住所」を重視し，また，人格のない社団等のように法人登記がなされていない場合には，主たる事務所の「登録地住所」を重視しており，「本店所在地基準あるいは登録地基準」といえるものとなっている。また，「国内」の定義については，大陸棚が「施行地」に該当するか否かが問題となったオデコ事件，竹島に島根県の課税管轄が及ぶか否かが争われた鉱区税事件などがあるが，租税条約においては，一般的定義条項に「日本国」の定義を置くこととしている。「日本国」の定義は，当初「地理的意味で用いる場合には，日本国の租税に関する法令が施行されているすべての領域」と規定されていたが，1958 年ジュネーブ海洋法４条約[17]の採択から 1982 年国連海洋法条約の採択と 1994 年の発効までの領海，接続水域，排他的経済水域及び大陸棚の問題[18]をめぐる議論を踏まえて，「日本国」の定義は，「地理的意味で用いる場合には，日本国の租税に関する法令が施行されているすべての領域（領海を含む）及びその領域の外側に位置する区域で日本国が国際法に基づき管轄権を有し日本国の租税に関する法令が施行されているすべての区域（海底及びその下を含む）」と規定[19]するようになった[20]。

---

(17) ジュネーブ海洋法４条約とは，①公海に関する条約（1962 年発効），②臨海及び接続水域に関する条約（1964 年発効），③漁業及び公海の資源の保存に関する条約（1964 発効），④大陸棚に関する条約（1966 年発効）をいう。本庄資「租税条約の適用の範囲（人的範囲を除く）」本庄資編著『租税条約の理論と実務』（清文社，2008），214 頁。

(18) 領海及び接続水域に関する法律（昭和 52 年５月２日法 30），排他的経済水域及び大陸棚に関する法律（平成８年６月 14 日法 74），排他的経済水域における漁業等に関する主権的権利の行使等に関する法律（平成８年６月 14 日法 76）。本庄資「租税条約の適用の範囲（人的範囲を除く）」本庄資編著『租税条約の理論と実務』（清文社，2008），214 ～ 215 頁。

(19) この類型の定義は，アメリカ，イギリス，イスラエル，インド，インドネシア，カナダ，韓国，シンガポール，スウェーデン，タイ，中国，ノルウェー，バングラデシュ，フランス，ブルガリア，ヴィエトナム，マレーシア，南アフリカ，メキシコ，ルクセンブルグにみられる。本庄資「租税条約の適用の範囲（人的範囲を除く）」本庄資編著『租税条約の理論と実務』（清文社，2008），215 頁。

なお，CFC税制との関係については，昭和53年のCFC税制が導入された際には，軽課税国等に本店又は主たる事務所を有する外国関係会社のみが適用の対象法人とされていたが，昭和60年の税制改正で，いわゆる「みなし本店等所在地[21]」といった制度が導入され，適用の対象となる外国法人の枠が拡大されている。

2．設立準拠法基準

アメリカ，スウェーデン又はフィリピンなどで採用されている設立準拠法基準は，日本の本店所在地基準に類似した制度ではあるが，「設立準拠法」により全世界所得の納税義務等の管轄が決定されるのであるから，納税者がその管轄を「設立時」に選択することができる基準となっている点で異なる[22]。

3．実質管理支配地基準

シンガポール又はマレーシアなどで採用されている実質管理支配地基準は，事業の中心的な管理及び支配が国内で行われている法人を内国法人とし，それ以外を外国法人とするものである。実質管理支配の有無は，実際の役員会開催

---

(20) 本庄資「租税条約の適用の範囲（人的範囲を除く）」本庄資編著『租税条約の理論と実務』（清文社，2008），212頁。

(21) 「みなし本店等所在地」とは，法人の内外区分の基準として管理支配地基準を採る国においては，その国において設立された法人であっても，その他の国において事業の管理，支配が行われている場合には，その国の居住者に該当せず，その他の国に所在するものとして，その国では全世界所得課税されず，制限的な納税義務者となり，通常はその国の国内源泉所得についてのみに課税が行われる。したがって，管理支配地基準を採用する非軽課税国（例えば，イギリス）に本店を有し，その事業の管理，支配の場所が軽課税国にある場合には，その本店所在地国では，通常その本店所在地の国内源泉所得以外は課税されず，他方，日本からみた場合には，軽課税国は本店所在地にあたらず，CFC税制の適用対象外となってしまう。そこで，このようなループホールを排除するため，昭和60年の税制改正で，管理支配地基準を採用する国（軽課税国等を除く）に本店等を有する外国関係会社でその事業の管理支配地が軽課税国等にあるものについては，その軽課税国等に本店等を有するものとみなし，CFC税制を適用し，特定外国子会社等に該当することとした（租税特別措置法66条の6第4項）。

(22) 本庄資『租税回避防止策－世界各国の挑戦－』（大蔵財務協会，1998），395頁。

の場所，帳簿の保管場所，株主総会の開催場所等から判定される。法人の住所を形式的な本店所在地とせずに，法人の事業活動の実質に着目して，中心的な管理支配の有無を基準とするこの考え方は，前述した実質所得者課税の原則に則したものといえる基準である。実質管理支配基準が適用されると，例えば，CFC 子会社の実質的な管理支配が親会社の居住地国で行われている場合には，親会社の居住地国で内国法人として全世界所得課税が行われることとなり，CFC 税制には非常に効果的な基準である。しかし，実質管理支配の明確な定義が難しく，また，執行上の困難を伴うという問題が以前から指摘されている(23)。

4．実質管理支配地と本店所在地の併用基準

イギリス，ドイツなどで採用されている実質管理支配地と本店所在地の併用基準については，もともとは実質管理支配地基準のみを採用していたのであるが，CFC 税制逃れの租税回避スキームに対抗するため，本店所在地基準を併用したものである。イギリスでは，単一の管理支配地基準を採用していた際には，ロンドンに本店を置き実際の活動を続けながら，実質管理支配地をチャネル諸島など周辺の軽課税国において行うスキームが多くなり，これに対抗するため 1988 年のイギリス税制改正により，本店所在地基準も加え併用することとした。

---

(23)　昭和 38 年 12 月に出された政府税制調査会の「所得税法及び法人税法の整備に関する答申」は，管理支配地基準について，「OECD 加盟が近く期待され，また，資本の自由化が進むことを考慮すれば，採用すべしとの議論には首肯すべき点が多く，またその必要性も認められる。」としながらも，「現段階においてただちに国内法上管理支配地基準に踏みきらなければならないという必要性も少ないようである。」として，特に税法が複雑になること，「従来法人税法が予想しなかった外国法人から内国法人へ，又は内国法人から外国法人への移替わりの際の所得計算等の問題が生じる。」とデメリットを指摘している。高橋元監修『タックス・ヘイブン対策税制の解説』（清文社，1979），50 頁。

第6節　内国法人と外国法人の区分における実質管理支配地基準導入の検討

1．1996年11月，政府税制調査会の議論

現行法人税法上，内国法人とは，日本に本店又は主たる事務所を有する法人とされており，外国法人とは，内国法人以外の法人とされている。しかしながら，外国には法人格を有しないパートナーシップや信託の制度が広く存在しており，その態様や本国での課税上の取扱いも区々となっている。こうした組織が日本において事業活動や投融資を行った場合，法人税法上の法人として扱うべきかどうかといった問題がある。今後の日本経済の国際化の進展に鑑みれば，こうした問題について，検討を深めていく必要があると考える。

なお，内国法人と外国法人との区分に関し，現行の本店所在地基準に加え，法人の実質的な経営，管理の場所の有無で判定するいわゆる管理支配地基準を導入してはどうかとの意見もあるが，国際的にみても，管理支配地基準を採用する国は少なくなってきていること，いわゆるCFCを利用した租税回避行為に対してはすでに所要の対策が講じられていることなどを考慮すると，管理支配地基準を導入することについては慎重に考えることが適当であると述べている(24)。

2．2000年7月，政府税制調査会の中期税制についての答申「わが国税制の現状と課題－21世紀に向けた国民の参加と選択－」

日本でも，法的な登記や登録がなされている場所により判定する本店所在地基準だけではなく，法人の実質的な経営，管理の場所の有無により判定する管理支配地基準も併用すべきではないかという議論もされたが，基本的には，CFC税制の整備により本店所在地基準を悪用した租税回避は基本的には防止されるので，現在では管理支配地基準を検討する必要性は少ないとされた。ただし，今後，法人格を有しない様々な事業体の法人課税の問題を検討する場合に，そのような事業体に関して管理支配地基準を導入すべきかどうか検討する

---

(24)　政府税制調査会「法人課税小委員会報告」（平成8年11月26日）。

含みを残した[25]。

３．日本におけるCFC税制の適用除外要件

日本のCFC税制は，租税回避防止目的の個別的否認規定であるため，正常な国際的活動をしている企業の活動を阻害しないようにするため，適用除外要件を規定している。適用除外要件は，①「事業基準[26]」により定めた事業に該当するか否かにより判定した上で，②「実体基準[27]」，③「管理支配基準[28]」，④「非関連者基準又は所在地国基準[29]」の全てを充足しているか否かにより判定することとしている。

---

(25)　政府税制調査会「わが国税制の現状と課題－21世紀に向けた国民の参加選択－」答申（平成12年7月14日），344～345頁。

(26)　指定されている事業は，①株式（出資を含む）又は債券の保有，②工業所有権その他の技術に関する権利，特別の技術による生産方式若しくはこれらに準ずるもの（これらの権利に関する使用権を含む）又は著作権（出版権及び著作隣接権その他これに準ずるものを含む）の提供，③船舶若しくは航空機の貸付け（裸用船契約によるもの）と規定されている（租税特別措置法66条の6第3項括弧書き）。なお，主たる事業年度の判定は事業年度ごとに行うこととされている。

(27)　実体基準は，特定外国子会社等がその本店又は主たる事務所の所在地国において，その主たる事業を行うに必要と認められる事務所，店舗，工場その他の固定施設を有するかどうかを判定基準とするものである（租税特別措置法66条の6第3項）。

(28)　管理支配基準は，特定外国子会社等がその事業の管理，支配及び運営を自ら行っていることを求める基準である（租税特別措置法66条の6第3項）。

この基準の判定は，その特定外国子会社等の株主総会及び取締役会等の開催，役員としての職務執行，会計帳簿の作成及び保管等が行われている場所，その他の状況を勘案の上判断するものとされている。この場合，例えばその株主総会の開催が本店所在地国以外の場所で行われていること，その外国子会社等が現地における事業計画の策定等に当たりその内国法人と協議しその意見を求めていることの事情があっても，そのことだけでは，その特定外国子会社等が事業の管理，支配及び運営を自ら行っていないことにはならないとされている（租税特別措置法基本通達66の6の10）。

(29)　非関連者基準とは，卸売業，銀行業，信託業，保険業，証券業，水運業及び航空運送業の場合，その事業を主として関連者以外の者との間で行っていることを求める基準である（租税特別措置法66条の6第4項の1）。

また，所在地国基準とは，上記以外の業種の場合，その事業を主としてその国で行っていることを求める基準である（租税特別措置法66条の6第4項の2）。

しかし，実体基準や管理支配基準は総合的に判断する面が強く，必ずしも法的安定性があるとはいえず，現行の適用除外要件はタックス・プロモーターに狙われやすい基準となってしまっている。本庄資教授も，「この適用除外は，理論的には合理性が認められるが，その除外要件事実の認定が必ずしも容易でない税務行政の実情からみれば，租税回避の余地を残す制度として問題があることを指摘せざるを得ない。[30]」と述べている。これらより考えると，より具体的な基準による実質管理支配地基準の導入の検討が必要となる。

なお，CFC 税制の適用を受ける内国法人等の判定及び適用除外を判定する非関連者基準に係る関連者の範囲等については，平成 17 年，19 年及び 20 年と相次いで改正が行われている状況である（租税特別措置法 66 条の 6 第 2 項 1 号，租税特別措置法施行令 39 条の 14 第 3 項 11 号）。

4．中国の改正

前述した 1996 年の政府税調の議論では，管理支配地基準を採用する国は少なくなってきているということが述べられていたが，最近の中国では，中華人民共和国企業所得税法が改正され，企業所得税法実施条例が 2008 年 1 月 1 日から実施され，内国法人の区分に管理支配地基準が導入された。改正の概要は下記の通りである[31]。

新企業所得税法 2 条では，企業を居住者企業と非居住者企業に分類する。本法における居住者企業とは，法令により中国国内に設立された企業，又は外国（地域）の法律により設立されたが，実際の管理機構が中国国内にある企業をいう。本法における非居住者企業とは，中国（地域）の法律により設立され，かつ，中国国内に施設，固定場所を設置している，又は中国国内に施設，固定場所を有しないが，中国国内源泉所得がある企業をいうと規定された。

また，新企業所得税法実施条例 4 条では，企業所得税法 2 条における「実際

---

(30) 本庄資『国際租税法（4 訂版）』（大蔵財務協会，2005），375 頁。

(31) 品川克己「中国新企業所得税法の制定　日本の税務に与える影響についてータックスヘイブン税制関連を中心としてー」月刊国際税務 2008 年 5 月号 18 頁，伏見俊行「中国の税制と租税条約」本庄資編著『租税条約の理論と実務』（清文社，2008），555 頁。

の管理機構」とは，企業の生産経営，人員，財務及び財産等を実質的かつ全面的に管理，支配している組織をいうと規定された。

この改正により中国は，実質管理支配地と本店所在地の併用基準を採用することとなった。

5．台湾の租税回避措置の防止を目的とする「実際の管理場所（PEF）」制度導入に関する法改正

租税回避防止措置を継続することは，多くの国の税務機関が重視する課題となっており，台湾の財政部（日本の財務省に相当）は，経済協力開発機構（OECD）が公表した「税源浸食と利益移転」（BEPS）の15項目の行動計画に対して，作業グループを複数設立して検討を行った。それを踏まえ，財政部は，税制法令を国際税務規範に合致するものにするとともに，租税回避を減らすため，OECDが提案する特定措置（税務法令の改正及び課税政策の見直しを含む）を採用した。

財政部は，2016年初めに，所得税法43条の3及び同法43条の4の改正案を策定した。この改正案には，2つの重要な国際税制制度，すなわち「被支配外国会社（CFC=Controlled Foreign Company）」及び「実際の管理場所（PEM=Place of Effective Management）」（以下，これらを「租税回避防止条項」という）が含まれ，立法院（日本の国会に相当）での審議に付された。「パナマ文書」によって企業及び個人が国外会社を通じて不当に納税を回避していることが判明したことの影響により，立法院は早くも2016年7月12日に本改正案を可決した。

PEM制度の概要は，下記の通りである[32]。

⑴ 改正の背景

中華民国の現行税制では，国外営利事業者は，中華民国の国内源泉所得のみに対して課税される。これによって，一部の投資者は，実際は我が国で運営しているのに，低税負担国家・地区に国外営利事業者を設立することによって，居住者の身分を転換し，納税申告すべき我が国の営利事業所得税を回避している。

⑶ 加藤雅規「台湾の2018年度所得税法改正案，及びBEPS/租税回避防止に関する重要な最新情報について」月間国際税務2018年2月号86～87頁。

このような租税回避を防ぎ，これらの類型の国外営利事業者に実際に我が国の税制を適用できるようにするため,「租税回避防止条項」として実際の管理場所（PEM）制度が所得税法に組み込まれた。

PEM 制度は，中華民国営利事業者が単に我が国の営利事業所得税を回避することを目的に，低税負担国家・地区において国外営利事業者を設立する状況を阻止できるものである。

⑵ PEM 制度の要点

① PEM の定義

「実際の管理場所（PEM)」とは，営利事業者の実際の管理及び商業的な決定を行っている場所を指す。具体的には，営利事業者は次の３つの要件に該当する場合，その PEM は中華民国領域内にあるとみなされる。

i．重大な経営管理，財務管理及び人事管理をする意思決定者が我が国の領域内に居住する個人であること，又は「総機構」（本社）が我が国領域内にある営利事業者であること，又はかかる決定をする場所が我が国領域内であること

ii．財務諸表，会計帳簿記録，取締役会議事録又は株主総会議事録の作成又は保管の場所が我が国領域内であること

iii．我が国領域内にて，実際に主要な経営活動を行っていること

② PEM 制度化での課税規定

低税負担国家・地区において設立された国外営利事業者で，その PEM が中華民国にある場合，「総機構」（本社）が我が国領域内にある営利事業者とみなされ，所得税法及びその他関連法律規定により，その全世界で発生した所得について，税率 17% で営利事業所得税が課される。

③ PEM 制度の優先適用

国外営利事業者で，その PEM が中華民国領域内にある場合，PEM 制度が優先適用され，CFC 制度は適用されないこととなる。

6. OECDモデル条約及びコメンタリーの改正

OECDモデル条約第4条3項においては，法人等[33]の二重居住者の判断基準について規定している。一方の国が登記を重視し，他方の国が実質的管理の場所を重視する場合には，法人等も二重居住者となり得る。この場合には，法人等の事業の「実質的管理の場所」が存在する国の居住者とみなされる。法人の場合の振分け基準は，特に国際運輸から生じる所得の課税との関係で検討され，その結果「実質的管理の場所」による基準が1995年の改正で採用された。

また，2000年のコメンタリー改正では，「実質的管理の場所」についての解釈が第4条コメンタリーパラグラフ24に追加され，「実質的管理の場所」とは，当該主体の事業の遂行において必要な，重要な経営上及び商業上の決定が行われる場所であり，通常，最高経営責任者又は取締役会がその意思決定を行う場所であり，当該主体が全体としてとるべき行為及び活動が決定される場所であるとされた。しかし，決定的規則は規定されていないので，全ての関連する事実と状況を勘案して実質管理の場所を決定することとされた[34]。

なお，2008年OECDモデル条約及びコメンタリーの改正（2008 *Update to the OECD Model Tax Convention*）では，本庄資教授の仮訳によれば，第4条コメンタリーパラグラフ24の「実質管理の場所」は，「『全体として（as a whole）』当該事業体の事業の遂行のために必要な，重要な経営上又は商業上の決定が実質的に行われる場所である。」と2000年に追加された部分を削除し改正され，また，二重居住者の振分けについては，「双方の締約国の権限のある当局は，①取締役会又はこれに相当する機関の会合が通常開催される場所，②最高経営責任者その他上級管理者が通常その活動を行う場所，③その者のシニアの日常の管理が行われる場所，④その者のヘッドクオーターが所在する場所で，その国の法律がその者に法的にステータスを規制するもの，その会計記録が保存される場所，など様々な要素を考慮に入れ，相互協議により決定するよう努めるものとする。」と第4条コメンタリーパラグラフ3及び24.1が追加された。

---

(33) 法人等とは，法人及び法人以外の団体を指す。

(34) なお，日本は「本店所在地基準」を採用しているため，OECDモデル条約の「実質的管理の場所」に言及する本条の規定及びその他の条項には，保留を付している。

第７節　実質管理支配地基準を導入した場合における国際的二重課税回避に係る国際的二重居住者の振分け

各国の国内法における「内国法人」や「居住法人」の定義は様々である。現行のOECDモデル条約第４条３項では，「二重居住者で個人以外の者は，その者の事業の実質的な管理を行う場所が存在する国の居住者とみなす。」と規定されている。この規定は，法人その他の社団について二重居住者となる場合にいずれかの国の居住者とする必要性を認め，振分け基準として実質的な管理を行う場所を採用している。なお，実質的な管理を行う場所とは，そのエンティティの事業の遂行のために必要な重要な経営と商業上の意思決定が実質的に行われる場所をいい，実質的な管理を行う場所は，常に，最高経営陣が意思決定を行う場所，そのエンティティが全体として行う行為を決定する場所であるとされていた。しかし，この用語では曖昧さがあるという指摘もあり(35)，前述したように2008年OECDモデル条約及びコメンタリーの改正により一定の整備がされた。

なお，二重居住者が発生する要因として，本庄資教授は下記のように分類している(36)。

⑴　単一基準から発生する二重居住者

例えば，法人の中心的経営と支配が分割される場合には，この法人は複数の居所を有することになる。

⑵　同じ基準の異なる解釈から発生する二重居住者

イギリスは法人の課税上の居所を決定する基準として，「経営の中心と支配権」という基準を採用しているが，その「経営」について「経営と管理の最高の機能」が行使される場所を「経営と管理の中心」と解釈していた。しかし，1981年に内国歳入庁はその解釈を変更し，経営の中心とは正式の取締役会のほかに「経営の意思決定が通常行われる場所」とし，それまでの「最高の機能」

---

(35)　本庄資『ゼミナール国際租税法』（大蔵財務協会，2002），34頁。
(36)　本庄資『租税条約』（税務経理協会，2000），63～64頁。

又は「上級マネジメント」基準を「日常マネジメント」基準に取り替えた。このように同じ「経営の中心」という基準であってもその解釈の相違からなお二重居住者が発生する。

⑶　異なる基準から発生する二重居住者

二国が同じ法人の課税上の居所を決めるために同時に異なる基準を適用する場合，二重居住者が発生する。有名な事例は，アメリカで法人として組織され，イギリスで経営及び支配される法人である。類似の事例は，ニュージーランドで法人として組織され，オーストラリアで経営及び支配される法人である。このほか，例えば外国法に基づいて組織され，オーストラリアで事業を行い，オーストラリアの居住者である株主がその議決権を支配する法人も二重居住者になる。ある国が法定所在地を適用し，他の国が経営の中心基準を適用する場合も二重居住者が発生する。

また，実質管理支配地基準を導入した場合には，国際的二重居住者の振分けは「権限ある当局間の相互協議により合意によっていずれかの居住者に振り分ける方法」が採用され，租税条約における相互協議が大変重要な役割を果たすこととなり，相互協議による合意が国際的二重課税の排除から検討した場合には，必要不可欠なものとなる。実質管理支配地基準を採用した場合の租税条約による国際的二重居住者の振分けについては，前述した 2008 年 OECD モデル条約及びコメンタリーの改正で追加された第４条コメンタリーパラグラフ３の振分け要素が非常に参考になると思われる。2008 年 OECD モデル条約及びコメンタリーの改正では，第４条コメンタリーパラグラフ 24 で「実質管理の場所は，全体として当該事業体の事業の遂行のために必要な，重要な経営上又は商業上の決定が実質的に行われる場所である。」とし，また，二重居住者の振分けについては，第４条コメンタリーパラグラフ３及び 24.1 で，「双方の締約国の権限のある当局は，①取締役会又はこれに相当する機関の会合が通常開催される場所，②最高経営責任者その他上級管理者が通常その活動を行う場所，③その者のシニアの日常の管理が行われる場所，④その者のヘッドクオーターが所在する場所で，その国の法律がその者に法的にステータスを規制するもの，その会計記録が保存される場所，など様々な要素を考慮に入れ，相互協議により決定するよう努めるものとする。」とされており，相互協議による解決の重要度が益々高まっている。

結論

本章においては，内国法人と外国法人の区分における実質管理支配地基準の導入の具体的検討を行った。日本の現行 CFC 税制の適用除外要件は，理論的には合理性が認められるが，その除外要件事実の認定が曖昧な部分があるといわざるを得ない現状であり，法的安定性を欠くものである。前述した中国の改正, 2008 年 OECD モデル条約及びコメンタリーの改正, 台湾の PEM 制度の導入から検討すると，日本においても実質管理支配地基準の導入が必要ではないかと考える。なお，この場合においては，外国子会社配当免除制度に転換した場合における CFC 税制の整備及び強化策，現行の CFC 税制の強化策，コーポレート・インバージョン対策税制のさらなる整備及び強化策のためにも「本店所在地基準」の単一基準から,「実質管理支配地と本店所在地」の併用基準への変更が最良であると考える(37)。

また，これと合わせて法人格を有しない多様な事業体についても特定外国会社等に含め CFC 税制の合算対象とする必要もあると思われる。現行法では法人以外では個人と平成 19 年税制改正前の特定信託に相当する信託の受託法人が対象となっているが，その他の多様な事業体にも適用範囲を拡大する必要があると考える。

なお，実質管理支配地基準を導入した場合には，国際的二重居住者の振分けをする租税条約における相互協議が大変重要な役割を果たすこととなり，より詳細で明確な振分け基準により相互協議による合意が国際的二重課税の排除のために，必要不可欠なものとなる。

問題は，タックス・ヘイブンの特徴の秘密性である。OECD の勧告により情報交換協定を一部の国と締結し有害な税制を有する国のリストから外された国であっても，多数の国との情報交換協定を締結したわけでなく，また，税率等

---

(37) 本庄資『国際租税法（4 訂版）』(大蔵財務協会，2005)，38 ～ 39 頁，本庄資『国境に消える税金』(税務経理協会，2005)，34 頁。

についてはリスト掲載当時と同様のままの国が多い。日本は，これらのタックス・ヘイブン国とは現在においては情報交換協定を締結していない。これではいくら日本がCFC税制の強化対策をしても，その実体がつかめずループ・ホールができてしまうこととなる。日本においては，タックス・ヘイブン国との情報交換協定の拡充が必要である(38)。実質管理支配地基準を導入した場合には，CFC税制についても移転価格税制と同様な事例集(39)の作成が必要となると思われるが，この事例集が法令レベルでの規定となれば，後にアメリカのタックス・シェルター(40)のような機能をもたせることも可能ではないかと思われる。

---

(38) 本庄資『国際的脱税・租税回避防止策』（大蔵財務協会，2004），326頁。

(39) 現在，外国子会社合算税制に関するQ&Aはあるが，移転価格税制の事例集のレベルではない。なお，日本の移転価格税制の事例集は事務運営要領での規定となっているが，イギリスでは法令での規定である。日本においても通達や事務運営要領のレベルでの規定ではなく，法令レベルで規定した事例集を作成する必要があると考える。

(40) アメリカではタックス・シェルターのオルガナイザーは一定の場合には内国歳入庁（IRS）に登録を義務付けられる（IRC6111, Reg.301.6111- 1 T）。本庄資教授は，「タックス・シェルター」という用語を「法令等により認められた方法により当期の税負担を減少し，当期所得に租税を課さない可能性を投資家にオファーする投資」と定義している。本庄資『国際的租税回避－基礎研究－』（税務経理協会，2002），6頁。

第6章

個人と法人に対する出国税の一考察

（日本における個人の海外移住と法人の海外移転に対する出国税の検討を中心として）

郵便はがき

料金受取人払郵便

落合局承認

4248

差出有効期間
2021年1月31日

(期限後は切手を
おはりください)

161-8780

東京都新宿区下落合2-5-13

㈱ 税務経理協会

社長室行

お名前	フリガナ	性別	男 · 女
		年齢	歳
ご住所	〒 　　 TEL　　（　　　）		
E-mail			
ご職業	1．会社経営者・役員　2．会社員　3．教員　4．公務員 5．自営業　6．自由業　7．学生　8．主婦　9．無職 10．公認会計士　11．税理士　12．行政書士　13．弁護士 14．社労士　15．その他（　　　）		
ご勤務先・学校名			
部署		役職	

ご記入の感想等は，匿名で書籍のＰＲ等に使用させていただくことがございます。
使用許可をいただけない場合は，右の□内にレをご記入ください。　□許可しない

ご購入ありがとうございました。ぜひ、ご意見・ご感想などをお聞かせください。
また、正誤表やリコール情報等をお送りさせて頂く場合もございますので、
E-mail アドレスとご購入書名をご記入ください。

この本のタイトル	

Q1　お買い上げ日　　　　年　　月　　日

ご購入方法　1．書店･ネット書店で購入（書店名　　　　　　　　）
　　　　　　2．当社から直接購入　　3．その他（　　　　　　　）

Q2　本書のご購入になった動機はなんですか？（複数回答可）
1．タイトルにひかれたから　　2．内容にひかれたから
3．店頭で目立っていたから　　4．著者のファンだから
5．新聞・雑誌で紹介されていたから（誌名　　　　　　　）
6．人から薦められたから　　7．その他（　　　　　　　）

Q3　本書をお読み頂いてのご意見・ご感想をお聞かせください。

Q4　ご興味のある分野をお聞かせください。
1．税務　　2．会計・経理　　3．経営・マーケティング
4．経済・金融　　5．株式・資産運用　　6．法律・法務
7．情報･コンピュータ　　8．その他（　　　　　　　）

Q5　カバーやデザイン、値段についてお聞かせください

①タイトル	1良い	2目立つ	3普通	4悪い
②カバーデザイン	1良い	2目立つ	3普通	4悪い
③本文レイアウト	1良い	2目立つ	3普通	4悪い
④値段	1安い	2普通	3高い	

Q6　今後、どのようなテーマ・内容の本をお読みになりたいですか？

本研究の目的及び問題の所在

平成27年度税制改正において，個人の海外移住に対する国外転出時課税制度（いわゆる「出国税（Exit Tax）[(1)]」）が創設された。

近年の税制改正では，富裕層課税を強化し，所得税・相続税・贈与税を増税し，法人税は減税傾向にある。所得税については，高税率のため海外移住を考える人も少なくないと思われる。また，同族会社が多い日本においては，個人の海外移住と合わせて，法人の海外移転も考え，さらには，法人税の実効税率が低いのであれば，法人からの役員報酬を抑えて，法人に利益を留保することも検討するであろう。

個人の所得税については，出国時の資産について課税する国外転出時課税制度が創設されたが，本章においては，その対象資産の拡大の必要性について検討する。詳細は後述するが，諸外国の出国税制度との比較及び日本の出国税が相続等時にも課されることなどから検討すると，今後当該対象資産を不動産等を含む全ての資産に拡大していく必要性があると考える。

また，法人税については，現行法においては海外移転時に直接的に課税する出国税は特にないが，今後起こり得る事案を検討し，その対応策についても検討する。なお，法人の海外移転については，実務上の多くで用いられているであろう「本社機能の海外移転」を中心に検討する。法人の出国時の出国税対策は必要不可欠であり，それには，詳細は後述するが，ドイツの機能移転課税制度が非常に参考となり，日本においても早急に取り入れるべき税制であると考える。

---

(1)　本庄資教授によれば，「厳密な意味では，『出国税』（Exit Tax）と『国籍離脱税』（Expatriation Tax）は区別して論ずるべきであるが，“Emigration Tax”として同様に議論されることが多い」とされている。本庄資「オフショア世界のはなし(30)―なぜ市民権放棄・永住権放棄が急増しているのか―」国際税務2015年2月号，126頁。

　なお，本章においては，「出国税（Exit Tax）」の用語を統一して使用することとする。

第1節　国外転出時課税

1．制度創設の趣旨

株式等のキャピタル・ゲインについては，株式等の売却等により実現した時点で，株式を売却した納税者が居住している国において課税されることが原則となっている。こうした仕組みを利用して，多額の含み益を有する株式等を保有したまま，キャピタル・ゲイン非課税国に移住し，その後に当該株式等を売却することにより課税逃れを行うことが可能となっている。平成26年9月に公表されたBEPSプロジェクトの行動計画第1弾報告書においても，行動6「租税条約の濫用防止」の中で，国外出国時における未実現のキャピタル・ゲインに対する課税が，租税回避防止措置として位置付けられており[(2)]，日本においても，一定の国外転出者に対して，国外転出直前に対象資産を譲渡してこれを同時に買い戻したものとみなして，その未実現のキャピタル・ゲインに課税する譲渡所得等を課税する特例が創設された。

2．制度の概要

(1)　対象者

国外転出をする居住者で，次のいずれにも該当する者（所得税法60条の2第5項）。

① 国外転出時に所有等をしている対象資産の価額（時価）の合計額が1億円以上であること

② 国外転出の日前10年以内において，国内在住期間が5年を超えていること

(2)　OECD/G20 Base Erosion and Profit Shifting Project “Preventing the Granting of Treaty Benefits in Inappropriate Circumstances” ACTION 6 : 2014 Deliverable 91頁．OECD報告書『OECD税源浸食と利益移転（BEPS）行動計画』（日本租税研究協会，2013），本庄資「陳腐化した国際課税原則を見直し新しい国際課税原則を構築する必要性－OECDのBEPS対策の始動を中心として－」税大ジャーナル21号，居波邦泰『国際的な課税権の確保と税源浸食への対応－国際的二重非課税に係る国際課税原則の再考－』（中央経済社，2014），参照。

なお，「国外転出」とは，「国内に住所及び居所を有しないこととなること」と定義されている（所得税法60条の2第1項）。「住所」とは，民法22条に定める「各人の生活の本拠」をいい（国内に「生活の本拠」があるかどうかは，例えば，住居，職業，資産の所在，親族の居住状況，国籍等の客観的事実によって判断される(3)），「居所」とは，「一時的に居住するだけでは足りず，生活の本拠という程度には至らないものの，個人が相当期間継続して居住する場所」をいう(4)。

したがって，海外への短期出張や短期滞在等の場合は「国外転出」には該当しないが，所得税法上の「居住者(5)」から「非居住者(6)」になる場合には，その時点で「国外転出」に該当することとなる。

⑵　対象資産

国外転出時課税の課税対象となる資産は，有価証券（所得税法2条1項17号に定める有価証券(7)であり，国債，地方債，株式，新株予約権，社債等の他，外国債や外国法人発行の株式・社債を含む），匿名組合契約の出資持分（以下「有価証券等」という），未決済の信用取引・発行日取引，未決済のデリバティブ取引（以下「未決済デリバティブ取引等」という）とされている（所得税法60条の2第1項，2項，3項）。なお，仮想通貨は含まれていない。

⑶　対象資産の価格

国外転出時課税は，対象資産を合計1億円以上有する居住者が対象者となるが，合計1億円以上であるか否かを判定するために用いられる対象資産の価額は，次の通りである（所得税法60条の2第1項，2項，3項）。

①　国外転出後に確定申告書の提出をする場合

(i)　有価証券等については，国外転出時の価格に相当する金額

(ii)　未決済デリバティブ取引等については，国外転出時に決済したものとみなして算出した利益の額又は損失の額に相当する金額

⑶　最高裁判所平成23年2月18日判決（判例タイムズ1345号115頁）。

⑷　神戸地裁平成14年10月7日判決（税務訴訟資料252号順号9208）。

⑸　「居住者」は，「国内に住所を有し，又は現在まで引き続いて1年以上居所を有する個人」（所得税法2条1項3号）。

⑹　「非居住者」は，「居住者以外の個人」（所得税法2条1項5号）。

⑺　金融商品取引法2条1項に規定する有価証券その他これに準ずるものとして所得税法施行令4条で定めるものとされている。

② 国外転出前に確定申告書の提出をする場合

(i) 有価証券等については，国外転出予定日から起算して３ヶ月前の日における価格に相当する金額

(ii) 未決済デリバティブ取引等については，国外転出予定日から起算して３ヶ月前の日に決済したものとみなして算出した利益の額又は損失の額に相当する金額

(4) 国外転出の日から５年以内の帰国等

国外転出の日から５年を経過する日までに対象者が帰国(8)した場合，帰国した日から４ヶ月以内に更正の請求をすれば，帰国の時まで引き続き有していた対象資産について，国外転出時課税の適用がなかったこととすることができる（所得税法60条の２第６項１号，153条の２第１項）。

また，国外転出の日から５年を経過する日までに，対象者が対象資産を居住者に贈与した場合や，対象者が死亡し，相続又は遺贈により，対象資産の相続人及び受遺者の全てが居住者となった場合も同様に，これらの事実が生じた日から４ヶ月以内に更正の請求をすれば，当該対象資産について国外転出時課税の適用がなかったこととすることができる（所得税法60条の２第６項２号，３号，153条の２第１項）。

なお，納税猶予の特例を受け，納税猶予期限を10年に延長する旨の届出書を提出した場合は，当該５年の期間制限は，10年に延長される（所得税法60条の２第７項）。

(5) 納税猶予の特例等

国外転出時課税は，未実現の含み損益を実現したものとみなして課税をするものであるため，納税資金が足りない場合が想定される。このため，国外転出の時までに国税通則法117条２項の規定による納税管理人の届出をし，一定の担保(9)を供する等の一定の手続きを行った場合，国外転出の日から５年を経過する日までの間，納税義務が猶予される（所得税法137条の２第１項）。

---

(8) 「帰国」とは，国内に住所を有し，又は引き続いて１年以上居所を有することとなること（所得税法60条の２第６項１号括弧書）。

(9) 一定の担保としては，国債，地方債，不動産，税務署長が確実と認める有価証券及び保証人の保証並びに金銭等がある（国税通則法50条）。

なお，長期海外滞在が必要な場合には，国外転出の日から５年を経過する日までに納税猶予の期限を延長する旨の届出書を所轄税務署に提出することにより，納税猶予の期間をさらに５年延長することができる（所得税法 137 条の２第２項）。

また，国外転出先の国において対象資産の譲渡をした場合に，二重課税とならないよう外国税額控除制度により，外国所得税を納付することとなる日から４ヶ月以内に更正の請求をすることで，二重課税を調整することができる（所得税法 95 条の２第１項，153 条の５）。

３．海外在留邦人数

(1)　海外在留邦人数推移

そもそも海外への移住者の人数は，どのくらいなのであろうか。外務省領事局政策課「海外在留邦人数調査統計」によると，海外在留邦人数は【表１】の通りである。

【表１】海外在留邦人数推移　　各年 10 月１日現在

年	永住者	長期滞在者	合計
平成元年	246, 043	340, 929	586, 972
平成２年	246, 130	374, 044	620, 174
平成３年	250, 842	412, 207	663, 074
平成４年	254, 248	425, 131	679, 379
平成５年	254, 876	432, 703	687, 579
平成６年	261, 553	428, 342	689, 895
平成７年	267, 746	460, 522	728, 268
平成８年	271, 035	492, 942	763, 977
平成９年	274, 819	507, 749	782, 568
平成 10 年	278, 619	510, 915	789, 534
平成 11 年	280, 557	515, 295	795, 852
平成 12 年	285, 027	526, 685	811, 712

平成 13 年	293,310	544,434	837,744
平成 14 年	285,705	587,936	873,641
平成 15 年	291,793	619,269	911,062
平成 16 年	302,304	659,003	961,307
平成 17 年	310,578	701,969	1,012,547
平成 18 年	328,317	735,378	1,063,695
平成 19 年	339,774	745,897	1,085,671
平成 20 年	361,269	755,724	1,116,993
平成 21 年	373,559	758,248	1,131,807
平成 22 年	384,569	758,788	1,143,357
平成 23 年	399,907	782,650	1,182,557
平成 24 年	411,859	837,718	1,249,577
平成 25 年	418,747	839,516	1,258,263
平成 26 年	436,488	853,687	1,290,175
平成 27 年	457,084	859,994	1,317,078
平成 28 年	468,428	870,049	1,338,477
平成 29 年	484,150	867,820	1,351,970

（出所：外務省領事局政策課「海外在留邦人数調査統計」より作成）

【表１】の「永住者」は，３ヶ月以上の海外在留者のうち，在留国等の永住権を認められており，生活の本拠を日本から海外に移した邦人とされており，その全ての者が国外転出者である。また，「長期滞在者」は，３ヶ月以上の海外在留者のうち，海外での生活は一時的なものであり，いずれ日本に戻るつもりの邦人とされており，その者のうち所得税法上の非居住者に該当する者は，国外転出者となる。

【表１】を見ると，永住者は，平成元年の 24 万人より毎年増加し続け，平成 29 年には 48 万人を超えている。また，長期滞在者も，平成元年の 34 万人より毎年増加し続け，平成 29 年には 86 万人を超えている。その総数は，平成 29 年現在で 135 万人となっており，海外在留邦人数は過去最多となっている。

国外転出時課税制度は，国外転出時における対象資産の価額（時価）合計額が１億円以上である居住者が国外転出をする際に，当該対象資産を譲渡等したものとみなして課税する制度であるため，国外転出者は注意が必要である。

⑵　キャピタル・ゲイン非課税国（地域）への海外在留邦人数

典型的なキャピタル・ゲイン非課税国（地域）への海外在留邦人数の推移は，【表２】のようになっている。

【表２】キャピタル・ゲイン非課税国（地域）への海外在留邦人数

各年10月1日現在【単位：人数】	国（地域）名		シンガポール	香港	ニュージーランド	スイス
	平成25年	永住者	1,852	2,151	8,444	4,719
		長期滞在者	29,186	22,842	7,363	5,151
		合　計	31,038	24,993	15,807	9,870
	平成26年	永住者	2,250	2,512	8,781	5,008
		長期滞在者	33,732	24,625	7,924	5,158
		合　計	35,982	27,137	16,705	10,166
	平成27年	永住者	2,413	2,697	9,652	5,243
		長期滞在者	34,550	24,172	8,339	5,067
		合　計	36,963	26,869	17,991	10,310
	平成28年	永住者	2,527	2,113	9,963	5,269
		長期滞在者	34,977	23,975	8,743	5,345
		合　計	37,504	26,088	18,706	10,614
	平成29年	永住者	2,589	2,108	10,426	5,580
		長期滞在者	33,834	22,896	9,238	5,247
		合　計	36,423	25,004	19,664	10,827

（出所：外務省領事局政策課「海外在留邦人数調査統計」より作成）

【表２】は，典型的なキャピタル・ゲイン非課税国（地域）のシンガポール，香港，ニュージーランド，スイスへの永住者数と長期滞在者の近年５ヶ年の推移表である。シンガポールと香港は，長期滞在者が多いことがわかる。これらの典型的なキャピタル・ゲイン非課税国（地域）への海外在留邦人数は，平成29年現在で約９万人となっている。

なお，国外転出時課税制度は，出国先の国でのキャピタル・ゲイン課税の可否の判別は特にない。

第２節　諸外国における出国に係る譲渡所得課税の特例からの検討

１．諸外国における出国に係る譲渡所得課税の特例の概要

平成26年10月21に財務省の公表した資料によると，諸外国における出国に係る譲渡所得課税の特例の概要は，【表３】のようになっている(10)。

【表３】諸外国における出国に係る譲渡所得課税の特例の概要

	アメリカ	ドイツ	フランス	カナダ	イギリス（注３）
導入年度	2008年（注１）	1972年	2011年（注２）	1972年	1998年
対象者	国籍離脱者・永住権放棄者	国外に移住し非居住者となる者	国外に移住し非居住者となる者	国外に移住し非居住者となる者	一時的非居住者（出国から５年以内に帰国した者）
課税時期	国籍離脱・永住権放棄時	出国時	出国時	出国時	帰国時
課税対象	国籍離脱・永住権放棄時に有する資産一般の未実現のキャピタル・ゲイン	出国時に有する株式の未実現のキャピタル・ゲイン	出国時に有する金融資産の未実現のキャピタル・ゲイン	出国時に有する資産一般の未実現のキャピタル・ゲイン	出国時に有する資産一般の，出国期間中に実現したキャピタル・ゲイン

(10)　原武彦「非居住者課税における居住性判定の在り方－出国税（Exit Tax）等の導入も視野に入れて－」税大論叢65号，参照。

資産要件	純資産200万ドル以上	1社について1％を超える株式	80万ユーロ超の金融資産または1社について50％を超える株式	―	―

（注1）　アメリカは，1967年より国籍離脱者・永住権放棄者に対して，国籍離脱・永住権放棄後10年間，アメリカ源泉所得に対し，引き続き国籍・永住権を保持していた場合と同様の課税を行うという特例制度を有していたが，2008年より，資産一般を対象として，国籍離脱・永住権放棄の時点で，未実現のキャピタル・ゲインに対し譲渡所得課税を行うという現行制度に変更した。

（注2）　フランスは，1999年にも同様の趣旨の制度を導入したが，EU域内の人の移動を制限する措置であるとの理由から，2004年に欧州司法裁判所の判決により一旦制度を廃止。その上で，含み益が実現するまで納税猶予を認めることとして，2011年より再導入した。

（注3）　イギリスは，国外に移住し一時的に非居住者となった後，5年以内に再び帰国した者を対象に，出国中に生じたキャピタル・ゲインについて，帰国時に発生したものとみなして，帰国時に譲渡所得課税を行う。

（出所：財務省公表資料）

【表3】を見ると，諸外国の特徴を確認することができる。「課税時期」に関しては，アメリカは「国籍離脱・永住権放棄時」となっており，イギリスは「帰国時」となっている。ドイツ・フランス・カナダは，日本と同様に「出国時」となっている。

また，「課税対象」に関しては，アメリカ・カナダ・イギリスは「資産一般」となっており，全ての資産が対象となっている。フランスは「金融資産」となっており，金融債権等を含めた日本よりやや広い範囲の資産を対象としている。ドイツは「株式」となっており，限定的な資産を対象としている。なお，日本は，「有価証券等・未決済デリバティブ取引等」を対象としている。

2．国外転出（贈与）時課税・国外転出（相続）時課税の創設

平成27年度税制改正により創設された国外転出時課税には，贈与・相続・遺贈時に対しても国外転出時課税の対象としている。なお，基本的な仕組みは出国時の国外転出の場合と同様である。

⑴　国外転出（贈与）時課税

国外転出（贈与）時課税とは，贈与をする時点で時価合計額１億円以上の対象資産を所有等している居住者で，贈与の日前10年以内において国内在住期間が５年を超えている者が非居住者に対して対象資産の全部又は一部を贈与した場合，贈与時における価額に相当する金額で対象資産の贈与又は決済があったものとみなされ，贈与者に所得税が課税されるという制度である（所得税法60条の３第１項，２項，３項，５項）。

⑵　国外転出（相続）時課税

国外転出（相続）時課税とは，相続又は遺贈があった時点で時価合計額１億円以上の対象資産を所有等している居住者で，相続又は遺贈があった日前10年以内において国内在住期間が５年を超えている者が死亡し，非居住者が対象資産の全部又は一部を相続又は遺贈により取得した場合，相続又は遺贈があった時における価額に相当する金額で対象資産の相続又は遺贈があったものとみなされ，被相続人又は遺贈者に所得税が課税されるという制度である（所得税法60条の３第１項，２項，３項，５項）。

上記の国外転出（贈与）時課税・国外転出（相続）時課税では，例えば，富裕層の相続対策や事業承継対策のために，相続人等となる者（受贈者等）が相続税や贈与税の課税制度がない国に移住し非居住者となった後に，贈与の日前10年以内において国内在住期間が５年を超えている被相続人となる者（贈与者等）から株式等の対象資産の贈与が行われた場合には，国外転出時課税が適用され，相続人等となる者（受贈者等）に対して株式等の対象資産を贈与により移転した時に時価にて株式等の譲渡等があったものとみなして，譲渡所得等の金額を計算することになり，贈与者等（出国税）と受贈者等（贈与税）の双方に課税することが可能となる[11]。

⑾　平成27年度税制改正により，相続税法１条の３及び１条の４には２項が追加された。

3．国外転出時課税の対象資産の拡大の検討

国外転出時課税の創設の趣旨は，株式等の未実現利益を保有したまま，キャピタル・ゲイン非課税国に移住し，その後に当該株式等を売却することにより課税逃れを行うことを防止するためであった。また，諸外国における出国に係る譲渡所得課税の特例の概要を見ると，課税対象は「資産一般」となっており，不動産等を含む全ての資産を対象としている国が多くみられた。さらに，日本の平成27年度税制改正により創設された国外転出時課税は，贈与・相続・遺贈時に対しても課税される制度である。そもそも贈与・相続・遺贈には，不動産等を含む全ての資産が課税対象となっていることを考えると，対象資産を「資産一般」としても良いのではないかと考える。本庄資教授も，「『資産』については，有価証券等に限らず，不動産，無形資産，船舶・航空機などの所有のあり方をめぐり，多様な租税回避スキームが開発されているので，今回は『有価証券等と未決済デリバティブ』に対する対策に止まっているが，これらの多様な保有資産についても，課税の均衡が維持されるように引き続き検討する必要があろう(12)」と述べている。

これらより国外転出時課税の対象資産を検討していくと，今後当該対象資産を多くの諸外国と同様に，仮想通貨や不動産等を含む全ての資産を対象とした「資産一般」に改正していく必要性があると考える。

また，時価1億円以上（逆に言えば，1億円未満であれば対象外）という対象資産の金額判定要件についても，議論の余地があると考える。本庄資教授も，「金額基準は，ループホールになる要素を含んでいる(13)」と述べている。

なお，今後の法整備の方向性としては，①マイナンバーの効率的な利用の推進，②財産債務明細書・調書の強化，③非居住者に係る金融口座情報の自動情報交換制度の利用方法，④国外送金等調書制度の強化，⑤国外財産調書制度の強化(14)，⑥国外証券移管等調書制度の強化等が，重要事項となるであろう。

---

(12)　本庄資「オフショア世界のはなし(32)－我が国の出国税は富裕層のオフショアへの脱出を防ぐことができるか？－」国際税務2015年4月号，115頁。

(13)　本庄資「オフショア世界のはなし(32)－我が国の出国税は富裕層のオフショアへの脱出を防ぐことができるか？－」国際税務2015年4月号，115頁。

第3節　法人の海外移転に対する出国税の検討

1．海外進出日系企業（拠点）数推移

同族会社が多い日本においては，個人の海外移住と合わせて考えることは，法人の海外移転ということになる。仮に，移転した国の法人税の実効税率が低いようであれば，法人からの役員報酬を抑えて，法人に利益を留保することも検討するであろう。

外務省領事局政策課「海外在留邦人数調査統計」による，日本の領土外に進出している日系企業（拠点）数推移は，【表4】のようになっている。

【表4】海外進出日系企業（拠点）数推移　　各年10月1日現在

年	本邦企業	現地法人企業	その他	計
平成20年	4,936	29,604	19,628	54,168
平成21年	4,920	29,816	21,694	56,430
平成22年	5,034	30,592	21,706	57,332
平成23年	5,543	32,978	23,774	62,295
平成24年	3,608	51,123	6,057	60,788
平成25年	3,533	29,021	31,223	63,777
平成26年	4,322	31,439	32,812	68,573
平成27年	4,665	33,277	33,187	71,129
平成28年	5,121	35,831	30,868	71,820
平成29年	5,347	36,499	33,685	75,531

（出所：外務省領事局政策課「海外在留邦人数調査統計」より作成）

(14)　本庄資教授は，「今後，国外財産調書の提出を嫌う居住者が非居住者のステータスに変わるインセンティブが働くことも予想される。また，我が国の富裕層の保有資産が，国内資産である場合には，各国税局の富裕層調査の強化で，実態が炙り出されることが予想されるが，このような課税リスクを回避するために居住者が今後オフショアに脱出することも予想される」と述べている。本庄資「オフショア世界のはなし(32)－我が国の出国税は富裕層のオフショアへの脱出を防ぐことができるか？－」国際税務2015年4月号，113頁。

【表４】の「本邦企業」とは，現地法人化されていない日系企業である。つまり，本邦企業の支店や駐在員事務所，出張所等である。「現地法人企業」とは，本邦企業が出資し海外に設立した現地邦人，あるいは邦人が海外に渡って興した企業である。この中には，邦人企業が100％出資した企業，合弁企業，邦人が現地で興した企業が含まれている。個人の海外移住と合わせて法人の海外移転をした場合には，この「現地法人企業」に含まれることとなる。なお，「その他」は，現地法人化されているか否かが不明な日系企業である。

残念ながら，この統計資料では「その他」の比重が高く，分析しきれない部分が多いが，平成20年から平成29の10年間で，海外進出日系企業の総数は増加し続け，平成29年現在では7.5万拠点で過去最多となっている。

２．海外進出国（地域）別日系企業（拠点）数と法人税の実効税率

【表５】は，外務省領事局政策課「海外在留邦人数調査統計」の海外進出国（地域）別日系企業（拠点）数と，当該国（地域）の法人税の実効税率を合わせて作成した資料である。

【表５】海外進出国（地域）別日系企業（拠点）数と法人税の実効税率

順位	平成29年		
	国（地域）名	日系企業（拠点）数	実効税率
1	中国	32,349	25%
2	アメリカ	8,606	27%
3	インド	4,805	35%
4	タイ	3,925	20%
5	インドネシア	1,911	25%
6	ベトナム	1,816	20%
7	ドイツ	1,814	30%
8	フィリピン	1,502	29.5%
9	香港	1,378	16.5%
10	マレーシア	1,295	24%

11	シンガポール	1, 199	17%
12	メキシコ	1, 182	30%
13	台湾	1, 179	20%
14	イギリス	986	19%
15	韓国	945	25%
16	カナダ	811	26.5%
17	フランス	719	33%
18	オーストラリア	713	30%
19	ブラジル	707	34%
20	モンゴル	505	10%

（注）日本の法人実効税率は，財務省公表資料によると，2019 年 1 月現在で 29.74% である。

（出所：外務省領事局政策課「海外在留邦人数調査統計」より作成）

【表５】を見ると，海外進出日系企業の拠点は法人税の実効税率の低い国（地域）を狙って進出しているとは言い難い状況である。むしろ，ビジネス上の理由で進出している要素が高いと考える。例えば，安い労働力や新たな海外市場を求めて海外進出していると思われる。

なお，日本の現行法人税制においては，海外移転時に直接的に課税する出国税は特にないが，今後は個人の海外移住の増加とともに，法人の海外移転の増加ということも充分に考えられる。

３．法人の海外移転

法人の海外移転を考えると，①「事業活動の拠点」を日本から海外に移転する方法，②「本社機能[15]」を日本から海外に移転する方法，③「コーポレート・インバージョン[16]」により日本から海外に移転する方法等の検討課題がまず挙げられる。

弁護士の加本亘氏によれば，最近では本社機能の最適地配置が重要となっており，「本社機能の海外移転」として，その類型を次のように整理されている[17]。

⑴　会社全体の統括機能を海外移転する

⑵　複数の事業のうち，特定事業の本社機能を海外移転する

(3)　会社が持つ複数の機能（調達機能，R&D 機能，販売機能，製造機能等）のうち，特定機能の統括機能を海外移転する

(4)　特定のエリア（欧州，北米，アジア等）の統括機能を海外移転する

上記(1)～(4)は，いずれも，コーポレート・インバージョンは行わず[18]に，日本親会社－海外子会社という親子関係は維持しつつ，海外子会社に限定的な本社機能を持たせている。つまり，本社機能が海外にあるか否かと，親会社が海外にあるか否かは，論理的には別の問題であり，子会社に本社機能を持たせるということもあり得るということである。

また，加本亘氏は本社機能の移転について，「本社機能を担う従業員を海外子会社等に出向，転籍させることでも実施可能ですし，また，本社機能がある程度，外部のベンダーへのアウトソーシングで成り立っているような場合には，日本企業が締結していた契約をいったん解除し，同一もしくは新たなベンダーと海外子会社とが同様の契約を締結するということによっても，本社機能を海外

---

(15)　「本社機能の移転」については，以前から国内問題としても議論されており，大阪における本社機能流出問題の議論の際には，「本社」の定義は，①戦略を策定し，意志決定を行う機能，②全体を管理・調整する機能とし，具体的な「本社機能」は，①意思決定機関（代表取締役そのもの，取締役会等），②経営企画，市場調査，営業統括，財務，人事，広報，国際関連，研究開発，情報システム，その他の統括機能の業務であるとしている。また，「本社移転の形態」には，①本社そのものの移転，②複数本社制の導入，③実質的な本社機能（もしくはその一部）を本社以外の他都市に置くことがあるとしている。大阪府立産業開発研究所「大阪における企業の本社機能－企業の本社機能に関するアンケート調査結果報告書－」2004 年 3 月。

(16)　コーポレート・インバージョン（親子会社の逆転（corporate inversion））とは，立案者の定義によれば，「三角合併等を利用することにより，内国法人をその経済的実態や株主構成を変えずに，外国法人の子会社とすること」である。金子宏『租税法（第 23 版）』（弘文堂，2019），643 頁。

(17)　加本亘『国際タックプランニングの実務』（中央経済社，2014），96 ～ 97 頁。

(18)　本社機能の海外移転の方法には，①組織再編（三角合併・無対価合併），②資産譲渡（特許権，商標権，ノウハウ等の無形資産譲渡や重要な機能（究極的には本社機能）の移転を含む），③株式譲渡（海外に本社となる会社を設立し，当該会社が日本の対象会社の株式を買い集めることで親会社となる手法のこと）があるが，コーポレート・インバージョンを伴わないで限定的な本社機能の海外移転を行うのであれば，組織再編や株式譲渡ではなく，資産譲渡（単なる機能の移転も含む）の方法である。加本亘『国際タックプランニングの実務』（中央経済社，2014），97 頁。

へ移転することができます。機能移転とは，必ずしも何らかの資産，事業，関連契約を譲渡することを伴うものではないということであり，この点からも，本社機能の海外移転を実施できる余地は大きいといえます[19]」と述べている。

したがって，例えば，法人の役員が海外移住し，当該移住国で子会社を設立し，本社機能をその海外子会社に移転することは可能であるということである。これにより，当該機能に基づいて発生する国内の所得（役員報酬相当額等）を，今後は海外子会社で発生するように仕組むことが可能となる。

4．法人の海外移転（機能移転）に対する出国税の検討

法人の出国税には，個人の国外転出時課税と同様に，①「出国時」つまり海外移転時に課税する方法と，②「出国後」つまり海外法人となった法人の利得に課税する方法がある。現行法では，出国後の課税には，コーポレート・インバージョン対策税制が規定されている（租税特別措置法66条の9の2第1項）。

法人の海外移転において検討しなければならない税制は，①「事業活動の拠点」を日本から海外に移転する方法については，タックス・ヘイブン対策税制（租税特別措置法66条の6～9）[20]，②「本社機能」を日本から海外に移転する方法については，移転価格税制（租税特別措置法66条の4）[21]，③「コーポレート・インバージョン」により日本から海外に移転する方法については，コーポレート・

---

(19) さらに，加本亘氏は，「日本のタックス・ヘイブン対策税制のことを勘案すれば，海外本社が親会社で，日本にある会社はその子会社とする構造がよいとの考えも一理ありますが，最近の税制改正で『統括会社』に関して適用除外を認める余地が広がったこともあって，日本に親会社がありつつタックス・ヘイブン対策税制の適用除外に該当することを企図するというパターンの方が実際は多いように思います」と述べている。加本亘「本社機能の海外移転－事業拠点の世界最適地配置」月刊総務2014年3月号，29～31頁。

(20) 本庄資『オフショア・タックス・ヘイブンをめぐる国際課税』（日本租税研究協会，2013），参照。

(21) OECD移転価格ガイドライン「多国籍企業と税務当局のための移転価格算定に関する指針」の2010年版には，事業再編に係る移転価格の側面を取り扱った第9章を新たに加え，この問題に対する各国の課税方針のコンセンサスを確立している。本庄資『国際課税における重要な課税原則の再検討－上巻－』（日本租税研究協会，2014），171～174頁。

インバージョン対策税制(22)の適用である。

特に，本社機能の移転については，「無形資産の譲渡」と「機能の移転」に対する課税が最重要課題となる。これらについては，平成25年7月に公表されたBEPSプロジェクトの行動計画においても，行動8・9・10「移転価格税制」で取り上げられ現在議論されている状況である(23)。

なお，ドイツでは，機能の海外移転に対応する新たな移転価格税制を導入している。この税制は，居波邦泰教授によると，「機能移転について，それに関わる有形資産及び無形資産に加えて機会やリスクを含んだ『移転パッケージ』を納税者が決定し，独立企業間価格を決定するために，これの現在価値を算定する。比較対象取引が存在しないのであれば，2人の堅実かつ誠実な経営者が策定する機能の譲渡企業の最低価格と譲受企業の最高価格を想定し，この価格の中央値を『仮想的独立企業間価格』とすることができる(24)」とされている。

このドイツの税制は，ドイツ企業の機能・リスクが国外に移転する場合で，ドイツ企業の機能・リスクが減少する場合等には，適正な対価を支払わなければならないとされており，日本においても法人の出国時の出国税の導入を検討する際には，非常に参考となる制度であり，日本においても早急に取り入れるべき制度であると考える。

---

(22)　本庄資「国際課税における重要な課税原則の再検討（第12回）－米国を離脱する個人と法人インバージョンの現状とその問題点－」租税研究2015年4月号，参照。

(23)　本庄資「国際課税における重要な課税原則の再検討（第14回）－移転価格税制の特定の問題（他の租税回避の可能性が高い取引）に関するOECD BEPS Action 10の検討とビジネス界・主な租税実務家意見の焦点－」租税研究2015年8月号，本庄資「国際課税における重要な課税原則の再検討（第15回）－BEPS Action 8,9,10（TGP第1章改訂，否認，リキャラクタライゼーションと特別措置の採用）をめぐるビジネス界・主な租税実務家意見の焦点－」（日本租税研究協会，2015. 5.28），参照。

(24)　ドイツは2008年1月1日に企業税制改革法2008を施行し，国際取引課税法1条を改正することにより，事業再編による所得の国外流出に対する移転価格税制の強化を行った。居波邦泰「国際的事業再編取引への対応について－移転価格税制の観点から－」税大論叢75号，居波邦泰『国際的な課税権の確保と税源浸食への対応－国際的二重非課税に係る国際課税原則の再考－』（中央経済社，2014），145頁。

第4節　結論

本章においては，日本における個人の海外移住と法人の海外移転に対する出国税の検討をした。

個人に対する出国税については，国外転出時課税の対象資産を検討した結果，今後当該対象資産を多くの諸外国と同様に，不動産等を含む全ての資産を対象とした「資産一般」に改正していく必要性があると指摘した。

また，時価1億円以上（逆に言えば，1億円未満であれば対象外）という対象資産の金額判定要件についても，議論の余地があると述べた。

法人の海外移転については,「本社機能の海外移転」を中心に検討した。日本においても法人の出国時の出国税の導入を検討する際には，ドイツ税制の機能移転課税制度が，非常に参考となり，日本においても早急に取り入れるべき税制であると指摘した。

個人と法人に対する出国税については，今後も海外税制の動向も注視し，議論していく必要があると考える。

第７章

集団的投資媒体概念と投資家概念
（ハイブリッド事業体と租税条約アクセス）

本研究の目的及び問題の所在

日本の金融システムは，1990年代の不良債権問題を契機として，それまでの銀行等による間接金融に依存した構造を転換し，幅広い主体にリスクを分散する多様なシステム構築が進められてきた。企業等は資金調達先の分散，多様化を図り，一方，制度面においても，リスクの担い手や手法の多様化を図る種々の制度整備が行われ，金融システムの高度化が進んでいる。その中でも，新しいリスクの担い手として様々なノウハウを駆使する，投資ファンドの発展が著しい。投資ファンドは，最先端の技術を有するベンチャー企業に対してリスクマネーを供給し，あるいは資金調達が困難であった高リスクの事業分野での資金調達を支え，さらに事業再生のメインプレーヤーとして活躍するなど，従来の金融システムでは担うことのできなかった重要な役割を果たしている。また，投資ファンドが発展し多様化が進むことにより，投資ファンドの機能のさらなる発展や，それを踏まえた関連制度のあり方に関し様々な問題も起きている。

本章においては，投資ファンド及びその投資家に対する国際的二重課税の排除とその税制整備の研究を行うことを目的とする。

投資ファンド及びその投資家に対する国際的二重課税排除の問題については，投資ファンドがその居住地国で導管型事業体として課税される場合において，投資ファンドがその所得を外国の投資家に分配するとき，その配当に対して外国投資家がその居住地国で再度課税される場合による二段階課税から生じる経済的二重課税排除の問題と，投資ファンドに利用される事業体の課税上の取扱いが明確ではないために生じる国際的二重課税の問題とがある。各国には様々な法形態の事業体が認められ，その課税上の取扱いも各国により異なる。これにより，同様の法形態の事業体であっても，一方の国では事業体を納税義務者として課税し，他方の国では事業体自体には課税せずその構成員を納税義務者として課税している場合がある。このような，事業体に対する団体課税とその投資家に対する構成員課税の取扱いが両国間で異なるために生じる国際的二重課税の排除の問題についても研究する。

投資ファンド及びその投資家の国際課税を考える場合，投資ファンド・投資家のどちらに課税し，どちらに租税条約の特典を与えるかが問題となる。この場合，誰が受益者かが重要となる。投資ファンドに利用される事業体が租税条約にアクセスし，条約の特典を享受することが可能であれば，国際的二重課税は排除されるのではないかと考え，その整備の方向性を研究する。

第１節　集団的投資媒体概念

１．投資ファンドの課税上の定義

そもそも,「ファンド」とは,「資金」と訳され，一般に,「複数の投資家から資金を集めてそれを投資し，そこから得られるリターンを投資家に分配する仕組み(1)」とされているが，今のところ明確な定義はなく,「投資ファンド」の定義についても同様に,「事業体」,「仕組み」,「金融商品」など様々な定義が使用されている(2)。

本庄資教授は,「投資ファンド」の定義について,「大抵の国は投資ファンドを「投資するエンティティ」と定義するが，目的又は活動に言及しない点で機能しない(3)。現在国際的に受け入れられる「投資ファンド」の定義さえ存在しないが，その定義に当たっては，①通常の経営の結果として生ずる所得及びキャピタル・ゲインを取得することを目的とすること，②ファンドの権利の入手と譲渡が自由にできることにより多数の投資家にオープンであること，③目的，運用及び独立性についての透明性の見地から規制されること，を重視すべきであり，法形態，リスク，資産の流動性，活動の程度又はレバレッジなどによって判別すべきではない(4)」と述べている。

これらより,「投資ファンド」が投資によって得られた利益に係る課税上の定

⑴　経済産業省「経済成長に向けたファンドの役割と発展に関する研究会報告書」2005年12月27日，２頁。

⑵　田中佳織「租税条約の適用対象者」本庄資編著『租税条約の理論と実務』(清文社，2008)，205～206頁。

⑶　本庄資『国際課税の理論と実務－第３巻－租税条約』(税務経理協会，2000年)，68頁。

⑷　本庄資『国際的租税回避－基礎研究－』(税務経理協会，2002年)，130頁。

義を考えると，①投資資金の「器（ビークル）」として「事業体」を利用し，組織化した「投資ファンド」の仕組みを形成する場合と，②「投資法人」や，「特定目的会社」である「投資ファンド」は，それ自体が「事業体」である場合がある。

つまり，「投資ファンド」とは，「事業体」を投資資金のビークルとして利用する場合と，投資を目的とした「事業体」である場合とがあると考えられる。

このように，本論文においては投資ファンドが利用する投資媒体（ビークル）となる事業体（エンティティ）をどのように課税上取り扱うか，及び，投資ファンド自体が事業体である場合の課税上の取扱いを検討するものとする。

２．投資ファンドの法形態等

(1)　投資ファンドの仕組み

多数の投資家から集めた資金を集団的にプールして運用する仕組み[5]には，大きく分けて，「資産運用型スキーム」と，「資産流動化型スキーム」とがある。どちらのスキームにおいても，資金の出し手である投資家と投資対象の間に，投資ファンド及び投資ファンドに利用されるビークルとしてのエンティティ（以下，「CIV[6]」という）が存在する[7]。

①　資産運用型スキーム

資産運用型スキームとは，投資家から集めた資金を合同して専門家が各種資産に投資運用し，その利益を投資家に配分するものであり，資金運用という金融サービスを提供するための仕組みである。

---

(5)　増井良啓「証券投資ファンド税制の比較」日税研論集 41 号，171 頁。

(6)　国際租税においては，集団投資媒体（CIV・Collective Investment Vehicle）という用語が使用されている。したがって，本章で「エンティティ」段階での課税を検討する際に使用する用語は，「CIV」を使用するものとする。また，この他にも，SPV（Special Purpose Vehicle）や，SPV とともに SPE（Special Purpose Entity）という用語もよく使われる。なお，CIV・SPV・SPE ともに同義である。

(7)　例えば，不動産証券化においては CIV は証券の発行主体であり，資産保有の器であり，原資産から生ずるキャッシュ・フローを投資家に分配する仕組みの道具であり，利益を上げる目的のない空箱である。本庄資『国際的租税回避－基礎研究－』(税務経理協会，2002 年)，33 頁。

「先にお金ありき」のスキームである。

資産運用型スキームを定めた代表的な法律は「投資信託及び投資法人に関する法律」（投信法）であり，代表的なCIVとしては，投資信託及び投資法人がある。

② 資産流動化型スキーム

資産流動化型スキームとは，特定の資産を企業本体から切り離し，その資産から得られるキャッシュ・フローを裏付けとして，投資家に証券を発行する等により流動化を図るという資金調達のための仕組みである。

「先に資産ありき」のスキームである。

資産流動化型スキームを定めた代表的な法律は「資産の流動化に関する法律」（資産流動化法）であり，代表的なCIVとしては，この法律に定められた特定目的会社（TMK）をはじめとする各種の特別目的会社（SPC）がある。

⑵ CIVの種類

CIVには⑴会社型CIV，⑵信託型CIV，⑶組合型CIV，⑷パートナーシップ型CIVがあるが，会社型CIVを用いた場合に，CIVに対して法人課税が行われると，法人税の負担が投資家に対する支払いのための資金を減少させる。CIVに課税されることは，投資ファンドにとっては致命的である。そこで，ファンドマネージャーは，より高いパフォーマンスを上げるため運用対象や運用手段を工夫する。すなわち，CIVはそのための道具として利用されている。なお，現行の日本においては，CIVの法形態により課税上の差異が生じ，団体課税となるのか，構成員課税となるのか，など税制上統一的な整備がされていない状態である。

第２節　投資ファンドに対する課税

投資ファンドに対する課税は，①ファンド（CIV）段階，②投資家段階，③投資段階の３段階に分けられる(8)。

CIV 段階における課税の最大の問題は，CIV に対して法人課税を行うかどうかである。本節においては，この問題に限定して検討する。

１．法人課税

法人は利益が出た場合には法人税が課せられ，出資者である株主に対する配当は，法人税が控除された後の利益から支払われる。また，株主の段階においても，個人株主には所得税が，法人株主には法人税が課される。この場合において，同一の利益源泉に対して法人と株主の段階で二重課税の問題が起こるため，個人株主に対しては配当控除(9)，法人株主に対しては受取配当金の益金不算入(10)の措置がそれぞれ手当てされている。なお，法人税の課税根拠については，私法上の議論を踏まえて，「法人擬制説」と「法人実在説」の二つの考え方に分かれている(11)。

しかしながら，配当控除制度は計算の構造上，法人と株主との二重課税を完全に排除することはできないのである。このような法人課税に対して，パス・スルー課税は二重課税を完全に排除することが可能である。

２．パス・スルー型事業体・導管型事業体

前述した通り，「パス・スルー課税」とは，「ある事業体が稼得した所得がそ

---

(8)　本庄資『国際的租税回避－基礎研究－』（税務経理協会，2002 年），69 頁。

(9)　配当控除制度は，法人と個人の段階で係る二重課税の弊害を防ぐ措置である。個人株主が受け取った配当には原則として配当所得として総合課税されるが，個人の課税所得の金額によって一定額が税額控除される（所得税法 92 条）。

(10)　受取配当金の益金不算入は，法人間で生じる二重課税の問題を排除するための措置である。法人に対する持株比率が 25%以上の場合は当該株式に係る配当の全額が益金不算入とされ，また，持株比率が 25%未満の場合には配当の２分の１が益金不算入とされる（法人税法 23 条）。

の事業体の段階では課税されず，その構成員へパス・スルー（pass through）され，構成員の段階で課税されるもの」をいう。つまり，その事業体の損益が，その事業体を「通り抜ける」という意味で，これを「パス・スルー課税」という。パス・スルー課税は，アメリカで広く認められており，個人が集まって行う小規模な事業については，エンティティとしての法的性格を認めつつ，収益・損益はパートナーに按分して帰属させることにより，実体に即して課税する方法として考え出されたものである。一方，パス・スルー課税と似て非なるものとして，「導管型課税」がある。これは，事業体を法人税の課税主体としつつ，支払配当を損金に算入する方式である。これにより，内部留保しない限り，パス・スルー課税と同様の経済効果を得ることができる。導管型課税は法人税と所得税の「二重課税」を回避する手段であるが，法人税法の根本を覆すものではないため，租税特別措置法で定められている。

CIV のうち投資法人，特定目的会社や投資信託及び特定目的信託は，法人課税の対象とされる一方，一定の条件の下に支払配当等の損金算入が認められる「導管型事業体」である。特に，投資信託及び特定目的信託（以下，「特定信託型CIV」という）については，投資法人や特定目的会社とは異なり法人格を有していないにもかかわらず，法人課税の対象とされている。

また，「組合型 CIV」「パートナーシップ型 CIV」及び「集団投資信託 CIV」

⑾　法人擬制説とは，法人は単に法的に擬制された存在であって，所得は株主や出資者のものであり，法人税はこれらの者に対する所得税の前取りである。したがって，法人税は，個人所得税の源泉徴収と同一視でき，経済的二重課税は個人において排除すれば足りることから，税率も平均税率でよいこととなる考え方である。法人実在説とは，法人は，個人から別個独立した権利能力を有する法的主体であるから，課税面においても法人自らが納税主体になり得る。したがって，法人には個人と同様に担税力に差異があることから，税率は累進税率を適用すべきである。さらに，法人所得税と個人所得税の間には経済的二重課税は生じず，その排除措置を講ずる必要はないこととなる考え方である。この説を法人独立説という場合もある。水野忠恒『租税法（第３版）』（有斐閣，2007），290 ～ 291 頁。

なお，この法人税の課税根拠に対して金子宏教授は，「法人本質論は，決め手のない問題であって，これを租税政策論の中にもちこむのは議論を無用に混乱させるだけである」と述べ明言していない。金子宏『租税法（第 23 版）』（弘文堂，2019），326 頁。

は，特定信託型CIVとは異なり法人課税の対象とされていない「パス・スルー型事業体」である。

3．投資ファンド課税整備の方向性

日本の現行税制の下では投資ファンドとして同様の機能をもつ場合でも法形態の差異によって課税の方法は異なる。しかしながら，各国の税制や先行研究から考察すると，経済的実体が同じものには同じ課税をするべきであり，また，課税時期も同様な取扱いがなされるべきであり，さらに，投資ファンドと投資家の両方の段階での投資所得の経済的二重課税を排除すべきであるという考え方が導き出される。そこで，現行税制の法形態の違いによる課税上の差異をなくし，CIVをその違いにかかわらず，税制上は統一して取り扱うことが可能であるかどうかを検討してみる。

(1)　投資ファンドをパス・スルー型事業体とした場合

CIVと投資家との経済的二重課税が完全に排除されるとともに，投資家へ一度課税すれば課税関係が終了することから，簡素で明確な課税方法である。また，商品設計者及び投資家の立場からは，簡素であるがゆえに事務コストが少なくて済むというメリットがある。

しかし，アメリカのように納税者番号制度及びパートナーシップの情報申告義務がある上でのパス・スルー課税なら課税もれが生じないが，日本はこのような制度を持ち合わせていなかった。しかし，現在ではマイナンバー制度が確立されている。ただし，仮に，制度上，情報申告書の提出義務を課しても，国外のCIVの場合には実効性に乏しい。さらには，国外の投資家に対する配当に関しては源泉徴収により対処(12)しないと，申告納税を期待することは難しく，申告されたとしても，滞納処分権はなく，滞納が発生した場合の対応は難しいであろう。また，CIVを統一的に課税主体としないためには，税制上の措置が必要である(13)。

---

(12)　平成14年度税制改正では，匿名組合に源泉徴収義務が課され（所得税法161条12号の2），平成17年度税制改正では，任意組合等のうち，一定のもの（ＰＥを有する場合）には源泉徴収義務が課された（所得税法161条1号の2）。

(13)　景山智全「集団投資スキームによる課税上の問題点」税務大学校論叢40号，296頁。

⑵　投資ファンドを導管型事業体とした場合

CIV を法人課税するとともに，その CIV に投資家に関する情報提出義務を課せば，投資家の所得把握ができる。その結果，ビークルとしてのみ機能している CIV に対しては実質的に法人税が課税されない規定（導管型課税）を設けても，課税もれは生じない。また，課税主体とする以上，株式会社等と同様に，損失の分配は認めないことから，損失先行計上などの租税回避を排除できるメリットがある。

しかし，CIV 段階と投資家段階の二段階で課税対象とされるため経済的二重課税が生じ，事務コストも多くなると思われる。また，私法上法人格が与えられていない CIV を法人税の課税主体とするには，税制上の措置が必要である[14]。

⑶　投資ファンドに対する経済的二重課税排除に係る整備の方向性

日本の現行税制においては，投資ファンドとして同様の機能をもつ場合でも事業体の法形態の差異によって課税の方法は異なる。投資ファンドとして利用される事業体段階の課税においては，会社型，信託型，組合型，パートナーシップ型の違いにかかわらず，税制上は統一して取り扱うことが可能であるかどうかを検討した。日本の現行税制においては，投資ファンドに利用される多様な事業体について経済的な同一性に着目し，統一的な課税を行うには，執行面での対処では限界があり，立法による措置が必要である。立法に当たって最も重要なことは，課税もれ及び課税の繰延べをなくすことと，公平な課税を行うことである。

これらの課題をクリアする課税の方向としては，投資ファンドを「導管型事業体」とした場合を基本とする考え方を採用し，私法上の法人格の有無にかかわらず，法人税の課税主体とし，適格なものについては実質的に法人税が課税されないようにし，実質的には経済的二重課税が排除されるようにする方向性が良いのではないだろうか。

したがって，私の結論としては，投資ファンド（投資目的の事業体）に対する課税については「導管型課税」が最良と考える。これにより，投資家の捕捉が

⒁　景山智全「集団投資スキームによる課税上の問題点」税務大学校論叢 40 号，297 頁。

容易に可能となり，課税の繰延べもなくなり，実質的な経済的二重課税も排除されるであろう。執行面での問題はあるが，現行の日本税制においては，国外の投資家に対する納税者番号制度や投資ファンドに対する資料情報制度が未整備であることからすると，導管型課税による対応が望ましいのではないだろうか。

また，他の事業目的や構成員数が少数（100人未満）の場合の事業体に限り「パス・スルー課税」を行う方法が良いのではないかと考える。なお，この場合においては，「投資」と「事業」の概念の区分を税法上明確にしておく必要があろう。

第3節　投資ファンドに対する国際的二重課税排除の問題点及びその整備の方向性

投資ファンド及びその投資家に対する国際的二重課税排除の問題については，前述したように，投資ファンドがその居住地国で導管型事業体として課税される場合において，投資ファンドがその所得を外国の投資家に分配するとき，その配当に対して外国投資家がその居住地国で再度課税される場合による二段階課税から生じる経済的二重課税排除の問題もあるが，さらにその先の問題点としては，事業体に対する課税上の取扱いが両国間で異なるために生じる国際的二重課税の問題がある。これは，投資ファンドに利用される事業体の課税上の取扱いが明確ではないために生じる国際的二重課税の問題であり，各国には様々な法形態の事業体が認められ，その課税上の取扱いも各国により異なる。これにより，同様の法形態の事業体であっても，一方の国では事業体を納税義務者とし，他方の国では事業体自体には課税せずその構成員を納税義務者としていることにより生じるものである。このように両国間で課税上の取扱いが異なる事業体を利用して取引を行った場合，何らかの対応策を講じなければ国際的二重課税又は国際的二重非課税が生じることとなる。本節においては，事業体に対する団体課税とその投資家に対する構成員課税の取扱いが両国間で異なるために生じる国際的二重課税の排除の問題を取り上げ検討し，その整備の方向性を研究し，また，投資ファンドの租税条約の適用までを検討する。

1．投資ファンドの租税条約アクセス

IFAは1997年ニューデリー年次総会の議題で投資ファンドを取り上げ，投資ファンドが条約上の「者(15)」であり,「居住者(16)」基準と「受益者(17)」基準を満たす場合，租税条約にアクセスし，それ自体の権利として特典を享受できることを認めるべきであると提案している(18)。

本庄資教授も,「この権利はファンドの居住地国と源泉地国との間の租税条約により与えられるべきである。投資家の居住地国と源泉地国との間の租税条約，投資家の居住地国と投資ファンドの居住地国との間の租税条約においても一貫性のある国際ルールが確立され，投資家と投資の間に投資ファンドが介在することが租税の中立性に反しないように，競争原理と規制原理の影響を考慮に入れて，条約上の特典がすべての投資家に適正に配分されるという理想に近づくよう工夫する必要があると考える(19)」と述べている。

しかし，投資ファンドには各国の様々な法形態の事業体が利用され，その課税上の取扱いも各国により異なる。これにより，同様の法形態の事業体であっても，ある国では事業体を納税義務者とし，他の国では事業体自体には課税せずその構成員を納税義務者としていることがある。本庄資教授は，「ある国で

---

(15) 「者」とは，OECDモデル条約では，個人，法人及び法人以外の団体を含む（第3条1項(a)）と規定され,「法人」とは，法人格を有する団体又は租税に関し法人格を有する団体として取り扱われる団体（第3条1項(b)）と規定されている。

(16) 「居住者」とは，OECDモデル条約第4条1項では,「条約の適用上「一方の締約国の居住者」とは，当該一方の締約国の法令の下において，住所，居所，事業の管理の場所その他これらに類する基準により当該一方の締約国において課税を受けるべきものとされる者（当該一方の締約国及び当該一方の締約国の地方政府又は地方公共団体を含む。）をいう」と規定されている。

(17) 「受益者」とは，OECDコメンタリーでは,「受益者」という用語は，狭義の技術的意味で用いられるのではなく，むしろ，それは文脈において二重課税の排除及び脱税，租税回避の防止という条約の趣旨目的に照らして理解すべきとしている（OECDモデル条約第10条コメンタリーパラグラフ12，第11条コメンタリーパラグラフ8）。

(18) Lynne J. Ed and Dr. Paul J. M. Bongaarts， General Report ／ *The Taxation of Investment Funds, Cahiers de droit fiscal international,* Vol.82b. (1997 New Delhi Congress)，50～57頁。

(19) 本庄資『国際的租税回避－基礎研究－』（税務経理協会，2002年），75頁。

「課税上透明な事業体」とされる事業体が他の国では納税義務者とされることがある。すなわち，一方の国では構成員課税の事業体として取り扱われるが他方の国では団体課税の事業体を「ハイブリッド事業体」という[20]」と定義している。また，日本の国内法にはハイブリッド事業体に関する特別な規定がないため,「日本で所得を稼ぐために日本で納税義務者を負わないこのような事業体を用い，別の低税国では法人など団体課税を受けることにすると，節税が可能になる。外国の者は，外国で組成された事業体や日本で組織された事業体を通じて日本で所得を稼ぐことができる。日本の税法には，そのいずれの課税上の取扱いについても明確な規定がないので，租税条約の適用についても租税条約実施特例法にその根拠となる規定がなかった[21]」と述べている。

このような問題への対応の一環として，日米租税条約第４条６項では，条約の特典の享受について，事業体の居住地国の取扱いに従って条約の適用を決定する旨の規定がされている。

２．日米租税条約第４条６項とハイブリッド事業体

⑴　ハイブリッド事業体

ハイブリッド事業体[22]の具体的な例として挙げられるものは，米国LLCの取

⒇　本庄資『新日米租税条約解釈研究－基礎研究－』（税務経理協会，2005），290頁。
　なお，増井良啓教授は，「ある国の租税法上はパス・スルー・エンティティとして扱われ，他の国の租税法上は法人として扱われるような事業体は，パス・スルー・エンティティ扱いをする国の側からはハイブリッド・エンティティ，法人扱いをする国の側からはリバース・ハイブリッド・エンティティなどと呼ばれる。片方の国から見ればハイブリッド・エンティティにあたるものは他方の国からみると必ずリバース・ハイブリッド・エンティティにあたることになる。ただし，両方の呼び方を区別せずに，このような事業体を広くハイブリッド・エンティティと呼んで議論する」と述べている。増井良啓・宮崎裕子『国際租税法　第４版』（東京大学出版，2019），245頁。

㉑　本庄資『新日米租税条約解釈研究－基礎研究－』（税務経理協会，2005），290頁。

㉒　ハイブリッド事業体については，BEPS行動２において，ハイブリッド・ミスマッチ・アレンジメントをDD，D/NI，二重外国税額控除等に類型化し，その効果を無効化するためのリンキング・ルールとして第一次ルール及び防御ルール（国内法上の措置）の勧告がされているが，日本ではあまり議論が進んでいない。

扱いである。増井良啓教授は,「米国LLCが日本の法人税法上法人課税を受けるべき外国法人に該当するかどうかについてはまだまだ検討すべき点があるが(23),仮に,米国LLCが日本の法人税法上法人課税を受けるべき外国法人に該当するということになるとすると,パートナーシップ課税を選択した米国LLCは,米国連邦所得税法上は構成員課税がなされ,日本の租税法上は法人課税がなされるというねじれ現象が起きることとなる(24)」と述べている。この事例の米国LLCの場合においては,アメリカでの納税義務者はLLCではなく,その構成員になることから,アメリカから見ると租税条約の特典を享受できる居住者は構成員となる。一方,日本から見ると納税義務者として認識しているのはLLCであるので,租税条約の特典を享受できるのはLLC自体ということになる。このような場合には,アメリカの構成員がLLCを通じて日本に投資することにより得た日本源泉所得に関して条約の特典を享受できないこととなってしまう。そこで,日米租税条約では,ハイブリッド事業体が国境を越えて行う投資活動については源泉地国が居住地国側の課税上の取扱いを受け入れることによって租税条約の適用関係を明確にすることとされた。つまり,この事例の米国LLCの場合,居住地国であるアメリカにおける構成員課税の取扱いを日本が受け入れ,構成員がアメリカの居住者である限りにおいては,そのアメリカ居住者たる構成員が受領する所得として取り扱われる部分について,条約の特典が与えられることになる(日米租税条約第4条6(a)(25))。

また,「日本では受益者課税される信託に該当すると考えられるような信託が,米国ではcheck-the-box規則により法人課税されることを選択している信託(26)」の場合には,日本では受益者課税の信託自体を納税義務者として認識しないので,信託自体は条約の特典を享受できない。他方,アメリカにおいては

(23) 日本の国税庁は質疑応答事例(法人税)において「米国LLCに係る税務上の取扱い」について,米国LLCについては,原則的に日本の私法上外国法人に該当するものと考えられると回答しており,また,国税庁不服審判所裁決平成13年2月26日(裁決事例集第61号102頁)や平成19年5月16日さいたま地判・平成17年(行ウ)第3号,平成19年10月10日東京高判・平成19年(行コ)第212号においても同様の見解がなされている。

(24) 増井良啓・宮崎裕子『国際租税法　第4版』(東京大学出版,2019),245～247頁。

信託自体が納税義務者，租税条約上の居住者となるので，ねじれ現象が起こる。このような場合には，信託自体は条約の特典を享受できないこととなってしまう。そこで，日米租税条約では，前述の米国LLCの事例と同様に，源泉地国たる日本が居住地国たるアメリカにおける課税上の取扱いを受け入れ，その信託自体がアメリカの適格性を有する居住者であれば，信託が日本から受領する所得に対して，条約の特典が与えられることとされた（日米租税条約第４条６(b)[27]）。

⑵　ハイブリッド事業体の取扱いの問題点

ハイブリッド事業体の取扱いの問題点について，本庄資教授は，「新日米条約は，ハイブリッド事業体が団体課税であるか，構成員課税の事業体であるか，その性質を決める鍵を居住地国に与え，源泉地国は居住地国の性質決定に従うこととした。したがって，各事業体をどう取り扱うかを決めるに当たって，居住地国における性質決定を相互に確認し，納税者に公開しなければならない。一取引について複数の租税条約が同時に適用可能になり，有利な条約の特典を選択することができるようになると解されるので，法制のみでなく，執行レベル

㉕　日米租税条約第４条６項(a)では，「この条約の適用上，(a)一方の締約国において取得される所得であって，(i)他方の締約国において組織された団体を通じて取得され，かつ，(ii)当該他方の締約国の租税に関する法令に基づき当該団体の受益者，構成員又は参加者の所得として取り扱われるものに対しては，当該一方の締約国の租税に関する法令に基づき当該受益者，構成員又は参加者の所得として取り扱われるか否かにかかわらず，当該他方の締約国の居住者である当該受益者，構成員又は参加者（この条約に別に定める要件を満たすものに限る。）の所得として取り扱われる部分についてのみ，この条約の特典（当該受益者，構成員又は参加者が直接に取得したものとした場合に認められる特典に限る。）が与えられる」と規定されている。

㉖　増井良啓・宮崎裕子『国際租税法　第４版』（東京大学出版，2019），246～247頁。

㉗　日米租税条約第４条６項(b)では，「この条約の適用上，(b)一方の締約国において取得される所得であって，(i)他方の締約国において組織された団体を通じて取得され，かつ，(ii)当該他方の締約国において組織された団体を通じて取得され，かつ，当該他方の締約国の租税に関する法令に基づき当該団体の所得として取り扱われるものに対しては，当該一方の締約国の租税に関する法令に基づき当該団体の所得として取り扱われるか否かにかかわらず，当該団体が当該他方の締約国の居住者であり，かつ，この条約に別に定める要件を満たす場合にのみ，この条約の特典（当該他方の締約国の居住者が取得したものとした場合に認められる特典に限る。）が与えられる」と規定されている。

でそのような場合に特典の二重どりにならないように取引の特定を技術的に可能にする必要があろう。また，集合投資媒体や信託など，多数の構成員が存在する場合，現実に特典を受けるために居住証明書を用意する困難と，特典を受けられない第三国居住者に申告書を提出させる困難が予想される。両国の法人がハイブリッド事業体を通じて事業所得を取得する場合に，その恒久的施設の認定をどのように行うかという問題も重要な課題になるであろう(28)」と述べている。

このような課題も残されてはいるが，日米租税条約第4条6項は，どの段階で租税条約の適用が認められるかということと，ハイブリッド事業体を利用して取引を行った場合には事業体の居住地国の取扱いに従って条約の適用が認められることを明らかにし，適格な場合には条約の特典を享受できるように明示している。国際的二重課税の排除を重視し，なおかつ，法的安定性のある規定であるといえよう。

3．投資ファンドに対する国際的二重課税排除に係る整備の方向性

日本の現行法においては，外国パートナーシップや外国信託 SPV などに係る課税関係は不明瞭であり，現行税法では十分な対応ができているとはいえない状況である。前述した日米租税条約第4条6項の規定を適用するために，日本の国内法の整備が必要不可欠である。これに関して，本庄資教授は租税条約実施特例法の重要性について，「通常は，国内法の基盤の上に租税条約を締結することによって，両締約国は二重課税の発生を防止するため相互に相手国居住者に対する源泉地国としての課税権を放棄又は制限する。近年は，国内法における国際租税法における領域で源泉地国としての課税規定が整備されていない場合，租税条約による課税権の配分によって相互主義により源泉地国に第一次課税権を配分されたときでも，空振りに終わり，実際に一方的な課税を認めることになる。このような場合には，政策的に，日米租税条約により配分された課税権に基づいて実際に日本でも相応の課税を行うことが可能になるような税

(28)　本庄資『新日米租税条約解釈研究－基礎研究－』（税務経理協会，2005），294～295頁。

制改正を進めることになろう。また，日本における国際課税の現代化の途上において，日本の多様な事業体の課税上の取扱いや外国の多様な事業体の課税上の取扱いなど，税法上の規定が未整備な段階で，日米租税条約におけるルールを設定したことから，このルールを実施するために租税条約実施特例法等の整備を進めることになろう(29)」と述べている。

したがって，外国事業体を利用した投資ファンドに対する国際課税上の整備については，まずは，日本における外国事業体に対する課税上の取扱いを明確にし，その上で，日米租税条約第４条６項と同様な規定を条約に明記していく必要があろう。この場合においては国際的二重課税排除のためにも，既条約締約国で日米租税条約第４条６項と同様な規定を設けていない国(30)とは租税条約の改正が必要であり，また，条約未締結国とは日米租税条約第４条６項と同様な規定を含めた租税条約を締結することによる，租税条約ネットワークの拡充が必要不可欠となるであろう(31)。

日本における整備の方法として具体的には，法人及び任意組合等の税制上の定義を立法化する必要があり，また，パス・スルー課税についてもアメリカのように国外の投資家に対する納税者番号制度や情報申告義務を作り，課税もれが生じないような制度を設ける必要があろう。

４．投資ファンドの租税条約適用

国際課税における共通の概念規定の確立による課税ルールの構築について，本庄資教授は「集合投資媒体をめぐる種々の問題をいつまでも条約の適用，解釈の問題として曖昧な状態にしておくべきではなく，可能な限り条約に規定する方向で条約交渉が進められることが望まれる。同時にOECDモデル条約の改

---

(29)　本庄資『新日米租税条約解釈研究－基礎研究－』（税務経理協会，2005），310頁。

(30)　なお，イギリス，フランス，オーストラリアとは，すでに同様な規定を設けた条約を締約している。

(31)　田中佳織「租税条約の適用対象者」本庄資編著『租税条約の理論と実務』（清文社，2008），202頁，関口博久「我が国の今後の租税条約のあり方－ハイブリッド・エンティティへの対応を中心として－」税務会計研究学会第20回記念大会自由論題報告レジュメ19頁。

正やコメンタリーの補足など国際的な共通ルールの策定に努めることが望まれる(32)」と述べている。

また，OECD 租税委員会は，集団投資ビークル等の租税条約上の特典享受に関する三つの報告書を公表（2009 年 1 月）している。

- 「集団投資ビークルの租税条約適用について（Granting of Treaty Benefits with respect to the Income of Collective Investment Vehicles）」
- 「海外投資家が条約特典を享受するための手続について（Possible Improvements to Procedures for Tax Relief for Cross-Border Investors）」
- 「ポートフォリオ投資家による租税条約特典の請求について（Reports relating to claims for Treaty Benefits by Portfolio Investors）」

上述の「集団投資ビークルの租税条約適用について（Granting of Treaty Benefits with respect to the Income of Collective Investment Vehicles）」では，CIV の条約適格性や「者」「居住者」「受益者」に該当するか，CIV の特典請求手続き，CIV の二重課税排除手続きや租税回避の可能性が検討されている(33)。

特に，CIV の特典請求手続きでは，CIV が受け取る所得について，その投資家に代わって，特典の請求手続をする場合の方法として三つの提唱をしている(34)。

① Proportional Approach

その投資家が直接所得を受領するとした場合に条約の特典を享受することができる「適格投資家」の割合に応じて，受益者である締約国の居住者として，CIV に対して租税条約の特典を認めることとする方法。

② Threshold Approach

「適格投資家」が一定以上の割合を占める CIV に対しては，受益者である締約国の居住者として，CIV に対して租税条約の特典を認めることとする方法。

---

(32) 本庄資『国際的租税回避－基礎研究－』（税務経理協会，2002 年），144 頁。

(33) IFA 日本支部事務局「IFA 北東アジア 3 国（中日韓）租税会議の報告」租税研究 731 号，262 ～ 268 頁。

(34) IFA 日本支部事務局「IFA 北東アジア 3 国（中日韓）租税会議の報告」租税研究 731 号，266 頁。

③　Look Through Approach

CIV がその投資家に代わって条約の適用手続きを行う（あくまで受益者は，投資家）とする方法。

なお，国税庁は，米国 LPS の日本における税務上の取扱いを，2017 年 2 月 9 日，英文ホームページ上において，「The tax treatment under Japanese law of items of income derived through a U.S. Limited Partnership by Japanese resident partners[35]」という文書で公表した。この文書の中で，国税庁は，米国 LPS を構成員課税の団体（パス・スルー事業体）として取り扱うことを否定しない旨を明らかにしている（米国の税務上，法人として取り扱われる選択をしていない場合に限る）。また，日米租税条約の適用に関して，米国 LPS を通じて所得を取得する日本居住者は，条約上のその他の必要とされる要件を満たす場合には，日

---

(35) The tax treatment under Japanese law of items of income derived through a U.S. Limited Partnership by Japanese resident partners

The National Tax Agency（NTA）is aware that taxpayers seek clarity regarding the tax treatment under Japanese law of items of income derived through a U.S. Limited Partnership（U.S. LP）by Japanese resident partners, such as Japanese pension funds. Taxpayers seek clarity because a July 17, 2015 decision by the Japanese Supreme Court has led some taxpayers to raise the concern that, as a general matter, U.S. LPs should be treated as opaque entities and not as fiscally transparent entities.

In light of 2005 tax reform（newly introduced loss limitation rules for foreign partnerships）, the NTA will no longer pursue any challenge to the fiscally transparent entity（FTE）treatment of an item of income derived through a U.S. LP. The NTA treats an item of income paid to and through a U.S. LP of which Japanese residents are partners as derived by the Japanese resident partners and subject to tax on a current basis in the hands of the partners, irrespective of distributions from the U.S. LP, and the character and source of the item of income in the hands of the Japanese partners are determined as if such items were realized directly from the source from which realized by the U.S. LP, provided that the U.S. LP has not made an election to be classified as an association taxable as a corporation for U.S. federal income tax purposes.

Accordingly, for purposes of applying the U.S.-Japan income tax convention（the "Treaty"）, a Japanese resident that derives the item of income through a U.S. LP, and that meets all other requirements under the Treaty would be eligible to claim treaty benefits.

米租税条約上の特典を受けることができると示している[36]。このような重要な取扱いについて，なぜ税法上の法令に明示しないのか，疑問である。

また，これらの方法で，はたしてファンドオブファンズ[37]などで複層化したCIVに条約の特典を与えることが可能かどうか，後述する「受益者」概念と合わせて研究する必要があり，まだまだ議論の余地があるのではないかと考える。今後も国際的な共通ルールの策定の必要があろう。

第4節　投資ファンドに投資する投資家概念と受益者概念

前述したように最近の投資ファンドでは，任意組合等[38]（以下，「組合」という）がCIVとして多く利用されている。日本では，パス・スルー型事業体に関する課税ルールは未整備状態にあると前述したが，投資家段階の課税ルールについても未整備状態にある。

私法においてはこのようなパス・スルー課税の基礎となる①損益の帰属，②出資及び分配，③持分の譲渡，④清算などの全てが自由な契約によって決められるため，早急に立法措置を講じなければ，国内課税のみでなく，国際課税においても，複雑な問題が生じる状態が続くことになる[39]。なお，第2節で述べたように，投資ファンドに利用されるCIVが全て導管型課税とされた場合であ

(36)　米国デラウェア州のLPSを我が国の租税法上の外国法人に該当すると判断した最高裁判決（2015年7月17日民集69-5-1253）が下されて以降，従前の取扱い（日本の租税法上，米国LPSはパス・スルー事業体として取り扱う）を改める必要があるのか，また，米国LPSを通じて取得する所得に関する日米租税条約の適用関係に影響を及ぼさないのか，といった実務上の判断に関して混乱が生じていた。この文書は，これらを受けて公表されたものであると思われる。

(37)　ファンドオブファンズとは，複数の投資信託で資産運用を行う投資信託。運用タイプの異なる様々な投資信託を組み合わせて一つにまとめたもので，広く分散投資することでリスクの低減も図りやすいという利点がある。日本経済新聞社『経済新語辞典（2008年版）』（日本経済新聞出版社，2007），512頁。

(38)　任意組合等は，民法667条1項に規定の組合契約，投資事業有限責任組合に関する法律3条1項に規定する投資事業有限責任組合契約及び有限責任事業組合契約により成立する組合契約並びに外国におけるこれらに類するものをいう（法人税基本通達14-1-1）。

(39)　本庄資『国際租税法（4訂版）』（大蔵財務協会，2005），83頁。

っても，投資家段階においては，パス・スルー課税とほぼ同義であり，その課税上の整備が必要である。

また，ファンドオブファンズのように，投資家がさらに投資ファンドであった場合や，投資家が非営利法人であった場合など，投資ファンドの投資家は今後も複層化し複雑化していくものと思われる。これに対応するためにも，税制上も様々な整備を行う必要があろう。

１．投資ファンドに投資する投資家の「受益者」の追及

⑴　ファンドオブファンズによる匿名性

ファンドオブファンズは投資のリスク分散にメリットはあるが，これを自由に行うとファンドにファンドをいくつもつなげていくことが可能であり，ファンドが複層化することにより課税庁が受益者を捕捉できない「隠れ蓑」の状態になりやすい。

また，パス・スルー型事業体からパス・スルー型事業体への出資配当となり，現行の日本のパス・スルー課税の制度においては，課税もれが生じる可能性が極めて高い状態である。

⑵　「第三者に対する匿名性」と「組合員間の匿名性」

匿名性に関しては，第三者や課税庁に対する匿名性と，組合員間に対する匿名性とがある。実務上においては，組合契約を締結する際に「組合員間の匿名性」が必要となる。任意組合を設立し，組合員全員で事業を行う場合には，組合員間の匿名性は不要であるが，投資ファンドのように，私募で組合員となる場合には，他の投資家である組合員の名前がわかってしまうのは好ましくない状態である。したがって，投資私募ファンドを組合型で募集する際には，ファンドオブファンズはよく用いられる手法であり，決して特別なことではない。また，脱退に関しては，実際上は親の組合が清算をしないと，子の組合の脱退した組合員に対して持分金額の払戻しをすることは難しいため，組合を簡単に脱退することができない契約となっているものが多い。

税制上で問題となるのが，「第三者に対する匿名性」である。ファンドオブファンズにより，他の組合員に対する匿名性は高まるが，この匿名性が課税庁にまで及んでいる。現状では，課税庁も補足が困難な状態であり，これが「隠

れ蓑」として租税回避に利用されていると思われる。金融商品取引法（証券取引法等改正，平成18年6月7日成立し，平成19年9月30日に施行。通称：投資サービス法）により，その代表者や所在地の登録を義務付けることとなったが，これを税務上どのように利用していくのか，今のところ明確ではない。

⑶　小括

投資ファンドが国境を跨いで複層化した場合には，受益者の形式と実質が異なる場合の実質の補足は困難である。また，受益者の追及ができない可能性が高いものと思われる。投資ファンドの投資家の複層化は，今後もさらに複雑化したものが増えると予想される。

現行の日本の実質所得者課税の原則においては，法律的帰属説が有力であるが，実質の受益者の特定ができない場合が問題となる。また，単純な法律的帰属説のままでは，私法上の法的権限をもたない犯罪組織が経済的に所得を享受しても課税することができないという問題も起こり得る。

所得税法12条及び法人税法11条の意義については，現行においては法律的帰属説が有力であるが，経済的帰属説との学説上の決着はついていない。実質所得者課税の原則の「実質」を再考する必要があろう。

また，金融商品取引法の改正により，その代表者や所在地の登録を義務付けることとなったが，税法上においても同様とし，登録制度に違反した場合などにおける罰則を明確に規定する必要があるのではないだろうか。

なお，金融商品取引法案の作成においては，出資者の登録及び届出を要するか否かの議論がなされていたが，結局は実現されなかった。しかし，連結会計では，実質支配基準という考え方があり，実質的に支配していると認められる場合には，連結子会社としなければならないケースもある。ファンドオブファンズによりファンドの実体が不明であれば問題となる。これは，税法上の実質所得者課税においても同様であり，出資者の登録及び届出に関しては今後も議論の必要があるのではないだろうか。

2．受益者（beneficiary）と受益所有者（beneficial owner）概念

欧米では，誰が所有者かを論ずる場合，受益者（beneficiary）のような所有者を意味する概念として，受益所有権（beneficial owner）という概念が用いられる

が，日本では，信託について慣用語となっている「受益者」をbeneficial ownerの訳語としてしまったので，信託をめぐる所得の帰属を論ずる場合にもつ「受益者」概念と，租税条約の特典の享受を認められるbeneficial owner概念が同一のものか類似のものか，それさえ不明確な状態におかれている[40]。

納税者と資産・所得を結合する帰属について，欧米では「法的所有権」だけで判断せず，「受益所有権」概念の発達により「資産の真実の所有者」「所得の真実の所有者」を把握し，「受益所有者」により利用される法的所有者，名義人，代理人，仲介者，導管，パススルー・エンティティ，投資ファンドなどでなく，これらを所有し又は支配する「受益所有者」を把握し，これに対して課税するルールを確立しようとしている[41]。

投資ファンドの租税条約適用においては，受益者が誰かが大変重要となる。真実の所有者である「受益所有者」の追求が必要不可欠である。日本においても，「受益所有者（beneficial owner）」の税法固有概念を明確化する必要があろう[42]。

３．小括

現行の日本の税制においては，投資家が非営利法人（小規模な公益法人等[43]）であった場合やファンドオブファンズのように複層化した場合には，アコモデーション・パーティ・スキーム[44]に利用される格好の事業体であると思われる。また，日本の非営利法人である公益法人等が国内外の投資ファンドの複層化スキームに利用された場合には，その捕捉は困難であると思われる。

アメリカの租税回避の仕組みは，日本に輸入されることが多い現実[45]を考慮すると，一刻も早い対応措置が必要であろう。

このようなスキームを防止する手段として，本庄資教授は，納税者番号制度，多様な事業体に対する資料情報制度，濫用的租税回避の開示，立証責任の転換

---

(40)　本庄資「国際課税の基礎用語－受益者（beneficiary）と受益所有者（beneficial owner）－」税研151号，18頁。

(41)　IFA日本支部事務局「IFA北東アジア３国（中日韓）租税会議の報告」租税研究731号，247～248頁。

(42)　本庄資「国際課税の基礎用語－受益者（beneficiary）と受益所有者（beneficial owner）－」税研151号，18頁。

などの不整備や立法化を指摘している[46]。

結論

本章においては，投資ファンド及びその投資家に対する国際的二重課税の排除とその税制整備の研究を行った。

第1節では，投資ファンド及び投資ファンドに利用されるビークルの課税上の定義を検討した。その結果，投資ファンドによる多様な事業体の利用が盛んになる一方で，当該事業体の法形態又は各国の税制の差異より，団体課税となるのか，構成員課税となるのか，など税制上統一的な整備がされていないことが明らかとなった。

第2節では，投資ファンドに利用される「事業体の課税」の問題点等を考察

(43) 租税特別措置法68条の6において，公益法人等の収支計算書の提出について，公益法人等（同法以外の法律によって同号に規定する公益法人等とみなされているもので政令で定める法人及び小規模な法人として政令で定める法人を除く）は，当該事業年度の収支計算書を，当該事業年度終了の日の翌日から4月以内に，当該事業年度終了の日におけるその主たる事務所の所在地の所轄税務署長に提出しなければならないとしている。同法以外の法律によって同号に規定する公益法人等とみなされているもので政令で定める法人及び小規模な法人として政令で定める法人とは，租税特別措置法施行令39条の37第2項の収支計算書の提出を要しない公益法人等の範囲等において，租税特別措置法68条の6に規定する政令で定める小規模な法人は，当該事業年度の収入金額（資産の売却による収入で臨時的なものを除くものとし，外国法人にあっては法人税法141条各号に掲げる外国法人の区分に応じ当該各号に掲げる国内源泉所得に係るものに限る）の合計額が8,000万円以下の法人とすると規定している。つまり，公益法人等は，収益事業以外の収入が8,000万円以下であれば，収支計算書の提出義務もないのである。したがって，小規模な公益法人等は，収益事業を営んでなければ法人税の申告義務は無く非課税であるということになる。

小規模の判定が8,000万円というのは驚きであり，また収支計算の必要もないのであれば，実際は公益のために使用されたのかどうかを確認することは難しいと思われる。補助金等を受けつつ，支出の確認がされないのであれば，「真実の受益者」にとっては格好の「隠れ蓑」となってしまう恐れがある。なお，平成20年税制改正により公益法人課税が改正されたが，前述の租税特別措置法施行令39条の37の2については改正されなかった。

し，国際的二重課税排除も考慮した上での投資ファンド課税の方向性を検討した。投資ファンドに利用されるCIVの法形態の違いによる課税上の差異をなくし，CIVをその違いにかかわらず，税制上は統一して取り扱うことが可能であるかどうかを検討した。その結果，投資ファンド（投資目的の事業体）に対する課税については「導管型課税」が最良であると結論づけた。これにより，投資家の捕捉が容易に可能となり，課税の繰延べもなくなり，実質的な経済的二重課税も排除されると述べた。

第3節では，投資ファンドに対する国際的二重課税排除の問題点及びその整備の方向性を検討した。その結果，日本における外国事業体を利用した投資ファンドの課税上の取扱いについて早急に国内法を整備し，その上で国際的二

---

(44) アコモデーション・パーティ・スキームとは，本庄資教授の研究によると，「税務上無関係な当事者（外国事業体又は非課税事業体など）をタックス・シェルターとして利用し，課税されるべき当事者から課税所得を吸収し又は課税を遅らせるため，報酬を得て取引に参加するスキームである」とされている。本庄資「国際的租税回避におけるアコモデーション・パーティ・スキーム」租税研究2006年8月号，87頁。

また，本庄資教授のタックス・シェルターの特性によれば，「アメリカの典型的なタックス・シェルターはきわめて複雑な取引やストラクチャーで仕組まれており，一定の経済効果を達成するために，異常な法形式を合法化する必要なステップを組み立て，税務上無関係な当事者（アコモデーション・パーティ）を利用し，ストラクチャーを装飾する。また，税法の不完全性を利用するため，取引にはしばしば税法の追いつかないイノベーティブな金融商品が利用される。取引の複雑性は，税務調査による全体像の解明を著しく妨げる」とされている。本庄資・須藤一郎・梅辻雅春『タックス・シェルター事例研究』（税務経理協会，2004），30頁。

このように，アコモデーション・パーティ・スキームは極めて複雑なストラクチャーで仕組まれ，名目的な外国事業体又は非課税事業体などを利用する。アコモデーション・パーティ・スキームを利用し，支配の事実を偽装することは十分に考えられよう。日本においても，アコモデーション・パーティ・スキームに対する対抗策を研究する必要があろう。

(45) 具体例としては，レバレッジド・リース・スキームなどがある。これは，組合契約等を結び巨額の資産をリースすることにより，組合員である投資家の課税を繰り延べるために仕組まれたスキームである。アメリカでは，1970年代から現れ始め，その後，日本に輸入されたものと思われる。

(46) 本庄資「国際的租税回避におけるアコモデーション・パーティ・スキーム」租税研究2006年8月号，87～89頁。

重課税排除のためにも日米租税条約第４条６項と同様な規定を設けた租税条約ネットワークの拡充を急ぐ必要があると指摘した[47]。また，最近の OECD 租税委員会による「集団投資ビークル等の租税条約上の特典享受に関する３つの報告書」における「集団投資ビークルの租税条約適用について」の検討を行った。検討の結論としては，ファンドオブファンズなどで複層化した CIV に条約の特典を与えることが可能かどうか，まだまだ議論の余地があるのではないかと考え，今後も国際的な共通ルールの策定の必要があろうと述べた。

第４節では，投資ファンドに投資する投資家概念と受益者概念を検討した。ファンドオブファンズのように投資家がさらに投資ファンドであった場合や，投資家が非営利法人であった場合など，投資ファンドの投資家は今後も複層化し複雑化していくものと思われると述べ，投資ファンドの匿名性を利用した隠れた利益分配を防止するためにも，国外の投資家に対する納税者番号制度，多様な事業体に対する資料情報制度，濫用的租税回避の開示，立証責任の転換などの不整備や立法化の必要性を指摘した[48]。また，受益者（beneficiary）と受益所有者（beneficial owner）概念の検討を行い，投資ファンドの条約適用場面においては受益者の追求が重要となるため，日本においても，「受益所有者（beneficial owner）」の税法固有概念を明確化する必要があろうと指摘した[49]。

今後の投資ファンドの発展を考えると，日本においては投資ファンド及びその投資家に対して明確な課税ルールの構築を国際的二重課税の排除又は国際的二重非課税の防止の観点も考慮に入れ規定し，国際的租税回避に対応した個別的否認規定を含めた税制上の整備が必要であろう。また，投資ファンドに関する国際課税については，今後の課題が多く含まれており，国際的な統一ルール

---

(47) 田中佳織「租税条約の適用対象者」本庄資編著『租税条約の理論と実務』（清文社，2008），関口博久「我が国の今後の租税条約のあり方ーハイブリッド・エンティティへの対応を中心としてー」税務会計研究学会第 20 回記念大会自由論題報告レジュメ 19 頁。

(48) 本庄資「国際的租税回避におけるアコモデーション・パーティ・スキーム」租税研究 2006 年 8 月号，87 ～ 89 頁。

(49) 本庄資「国際課税の基礎用語－受益者（beneficiary）と受益所有者（beneficial owner）－」税研 151 号，18 頁。

が確立されるまで研究の必要があろう。

日本の事業体課税の令和元年の税制改正

１．外国関係会社に係る所得等の課税の特例の改正

会社単位の合算課税制度

米国の連邦法人税率が35%から21%に引き下げられたことを契機として，海外のビジネス上，一般的に用いられるペーパー・カンパニーについては，一定の要件を満たした場合には，当該税制上のペーパー・カンパニーに該当しないこととされた。

①　特定外国関係会社

イ　ペーパー・カンパニーの判定における保険特例の改正

特定保険外国子会社等及び特定保険協議者並びに特定保険委託者及び特定保険受託者に係る一の内国法人による100%保有要件について，一の内国法人（保険業を主たる事業とするもの又は保険持株会社に限る。）及びその一の内国法人との間に特定資本関係のある内国法人（保険業を主たる事業とするもの又は保険持株会社に限る。）によってその発行済株式等の全部を直接又は外国法人を通じて間接に保有されている外国関係会社であるという旨の要件に見直す等の改正が行われた（租税特別措置法施行令39条の14の３第１～３項)。

ロ　ペーパー・カンパニーの範囲の改正

次の外国関係会社について，ペーパー・カンパニーに該当しないこととされた。

(イ)　外国子会社の株式等の保有を主たる事業とする外国関係会社で，その収入金額のうちに占めるその株式等に係る剰余金の配当等の額の割合が著しく高いこと等の一定の要件に該当するもの（租税特別措置法66条の６第２項２号イ(3)，租税特別措置法施行令39条の14の３第５・６項，租税特別措置法施行規則22条の11第２～４項）

(ロ)　特定子会社の株式等の保有を主たる事業とする等の外国関係会社で，その本店所在地国を同じくする管理支配会社によってその事業の

管理，支配及び運営が行われていること，その管理支配会社がその本店所在地国で行う事業の遂行上欠くことのできない機能を果たしていること，その収入金額のうちに占めるその株式等に係る剰余金の配当等の額及びその株式等の譲渡に係る対価の額の割合が著しく高いこと等の一定の要件に該当するもの（租税特別措置法66条の6第2項2号イ⑷，租税特別措置法施行令39条の14の3第7・8項，租税特別措置法施行規則22条の11第5～8項）

(ハ) その本店所在地国にある不動産の保有，その本店所在地国における石油その他の天然資源の探鉱，開発若しくは採取又はその本店所在地国の社会資本の整備に関する事業の遂行上欠くことのできない機能を果たしている等の外国関係会社で，その本店所在地国を同じくする管理支配会社によってその事業の管理，支配及び運営が行われていること等の一定の要件に該当するもの（租税特別措置法66条の6第2項2号イ⑸，租税特別措置法施行令39条の14の3第9項，租税特別措置法施行規則22条の11第9～18項）

2．その他，事業体課税に関する改正

① 集団投資信託の収益の分配等に係る二重課税調整の改正

集団投資信託の収益の分配に係る源泉徴収所得税の額から控除することとされている集団投資信託の信託財産について納付した所得税の額がその所得税の課せられた収益を分配するとしたならばその収益の分配につき源泉徴収所得税を課されるべきこととなるものに対応する部分（特別分配金のみに対応する部分を除く）の額に限ることとされるなど，受託者が内国法人である場合の信託財産に係る利子等の課税の特例における改正と同様の改正を行うこととされた（所得税法180条の2第3項，所得税法施行令306条の2第2・7項）。

② 特定目的会社の利益の配当等に係る源泉徴収等の特例の改正

特定目的会社の利益の配当等に係る源泉徴収所得税の額から控除する控除外国法人税の額は，その特定目的会社が納付した外国法人税の額のうち，支払を受ける利益の配当等の額に対する部分の額を限度として，その支払を受ける者ごとに計算した金額の合計額とすることとされた（租税特別措置法施行令4条の9第1・2項，租税特別措置法施行規則5条の4の2第1・2項）。

個人の海外不動産投資における令和2年の税制改正

国外中古建物の不動産所得に係る損益通算等の特例を次のとおり創設した（租税特別措置法41条の4の3，租税特別措置法施行令26条の6の3）。

(1)　個人が，令和3年以後の各年において，国外中古建物から生ずる不動産所得を有する場合においてその年分の不動産所得の金額の計算上国外不動産所得の損失の金額があるときは，その国外不動産所得の損失の金額のうち国外中古建物の償却費に相当する部分の金額は，所得税に関する法令の規定の適用については，生じなかったものとみなす。

なお，上記の「国外中古建物」とは，個人において使用され，又は法人において事業の用に供された国外にある建物であって，個人が取得をしてこれをその個人の不動産所得を生ずべき業務の用に供したもののうち，不動産所得の金額の計算上その建物の償却費として必要経費に算入する金額を計算する際の耐用年数を次の方法により算定しているものをいう。

①　法定耐用年数の全部を経過した資産についてその法定耐用年数の20%に相当する年数を耐用年数とする方法

②　法定耐用年数の一部を経過した資産についてその資産の法定耐用年数から経過年数を控除した年数に，経過年数の20%に相当する年数を加算した年数を耐用年数とする方法

③　その用に供した時以後の使用可能期間の年数を耐用年数とする方法（その耐用年数を国外中古建物の所在地国の法令における耐用年数としている旨を明らかにする書類その他のその使用可能期間の年数が適切であることを証する一定の書類の添付がある場合を除く）

また，上記の「国外不動産所得の損失の金額」とは，不動産所得の金額の計算上生じた国外中古建物の貸付けによる損失の金額（その国外中古建物以外の国外にある不動産等から生ずる不動産所得の金額がある場合には，当該損失

の金額を当該国外にある不動産等から生ずる不動産所得の金額の計算上控除してもなお控除しきれない金額）をいう。

(2)　上記(1)の適用を受けた国外中古建物を譲渡した場合における譲渡所得の金額の計算上，その取得費から控除することとされる償却費の額の累計額からは，上記(1)によりなかったものとみなされた償却費に相当する部分の金額を除くこととすることその他の所要の措置を講ずる。

第 8 章

海外勤務の源泉徴収実務において国際的二重課税となった場合の対応法
（183 日ルールの導入の検討）

はじめに

国際課税原則では，給与等の人的役務提供の対価の所得源泉地は，その人的役務提供を行った国とされている（これを，「源泉地国課税」という）。

日本の所得税法も，非居住者が稼得する給与等の人的役務提供に対する報酬等は，原則として「国内において行う勤務その他の人的役務の提供に基因するもの」とされている（所得税法161条1項12号イ所得）。

また，日本が締結している租税条約も，「相手国居住者が日本で勤務した場合に限り（国内法に基づき）課税することができる」旨を明記している（例：日米租税条約第14条1項）。

それでは，「日本人の従業員が，海外の子会社へ3ヶ月出張した場合」の課税関係を検討してみよう。なお，前提条件は，下記の通りである。

前提条件1：出張先の国の税法も「非居住者が自国内での勤務期間に得た給与等を国内源泉所得として課税する」旨を規定している。

前提条件2：日本人の従業員は，海外に3ヶ月出張するだけで，日本の居住者である。また，給与は1ヶ月100万円で，年収1,200万円である。

①　日本での課税

日本の居住者であるので，全世界所得課税となる。したがって，日本での国内源泉所得900万円と，出張先での国外源泉所得300万円の合計1,200万円に対して課税される。

②　出張先での課税

非居住者に対する課税となり，自国内勤務期間に係る300万円に対して課税される。

上記のように，海外出張期間の給与300万円については，居住地国である日本と，源泉地国である出張先国で「二重課税」が生じることとなる。この場合，出張先国で課税された外国所得税は，日本での所得税額から「外国税額控除」することで，二重課税を排除する。これが「原則」である。

ただし，租税条約では，出張先国（相手国）での滞在日数が「183日以内」であることなど一定の要件を満たせば，滞在期間の給与について出張先国での非居住者課税が免除される。これが「短期滞在者免税」という，租税条約の「特典（減免）」である（例：日米租税条約第14条2項）。

第1節　短期滞在者免税

1．給与所得に対する免税

給与所得については，実際の勤務が行われた国において課税することが原則とされている一方，納税方法は確定申告による自主性に頼らざるをえないところである。

また，短期間の滞在勤務において，その勤務に対する給与についてだけ滞在地国に納税することは，手続上煩雑であり，負担も無視できないところである。

例えば，5日間海外出張したために，5日間分の給料について滞在地国に納税し，居住地国で確定申告することは非現実的である。

このようなことから，短期間の滞在勤務については，滞在勤務地（源泉地国）で免税とする規定が，租税条約に定められている（OECDモデル租税条約第15条2項）。

これを，「短期滞在者免税」という。

2．短期滞在者免税の要件

短期滞在者免税は，次の3つを要件としている[(1)]。

①　勤務地国における滞在日数が183日以内であること

②　給与等を支払う雇用者が，滞在勤務地の居住者でないこと（出張者に対して，現地法人等から給与等が支払われていないこと）

③　給与等が，滞在勤務地国にある恒久的施設によって負担（損金処理）されていないこと

なお，日本の条約例では，①の要件についてタイとの租税条約が180日とするのを例外として，その他全ての租税条約が183日ルールを採用している。

⑴　本庄資・田井良夫・関口博久『国際租税法－概論－（第4版）』（大蔵財務協会，2019），387頁。

したがって，「短期滞在者免税」の規定は，外国人が日本に出張するケースだけではなく，日本から海外に出張する場合にも重要となる。

第2節　日本人の海外赴任に伴ってよくある質問

1．短期滞在者免税の要件である滞在日数の計算方法

短期滞在者免税における滞在期間は物理的な滞在日数の合計によるべきものと解されており，その滞在期間の合計が183日を超えるかどうかは，入出国の日のいずれも加えて判定することとなる。なお，短期滞在者免税の適用要件である滞在期間について，OECDモデル租税条約第15条関係のコメンタリーパラグラフ5では，以下のように説明されている。

①　滞在期間に含まれるもの

1日のうちの一部，到着日，出国日，役務提供地国での土曜日・日曜日・国民的祝日・休日（役務提供前，期間中及び終了後），役務提供地国での短期間の休暇，病気（当人が出国することができない場合を除く）の日数，家族の病気や死亡，研修，ストライキ，ロックアウト，供給の遅延により役務提供地国で過ごした日数

（なお，日本の所得税基本通達2-4においては，計算の起算日は，入国の日の翌日となると規定しており，OECDモデル租税条約第15条関係のコメンタリーパラグラフ5とは乖離している）

②　滞在期間に含まれないもの

活動のその国の外にある二地点間のトランジット，役務提供地国外で費やされた休暇，短期間の休暇（理由を問わない）

2．海外勤務が1年以上の予定で出国した者が非居住者になる時期

海外勤務等のため出国した者の住所が国内にあるかどうかについては，国外において継続して1年以上滞在することを必要とする職業を有する場合には，その者の住所は国内にないものと推定される（所得税法2条1項3・5号，所得税法施行令15条1項1号）。そして，出国した者の海外での勤務期間が，契約等によりあらかじめ1年未満である場合を除いて，その者の住所は国内にはないも

のとして取り扱うこととされている（所得税法施行令15条，所得税基本通達3－3）。

つまり，海外勤務の期間が1年以上となることが明らかとなった日，又は海外勤務の期間が1年以上となった日のいずれか早い日に非居住者となる。

なお，居住者と非居住者の判定については，日本の国内法では1年基準を採用し，租税条約では183日ルールを採用しており，乖離している。このため，相手国内の居住者の判定が183日ルールの場合には，日本から1年未満の予定で海外勤務した者は，当該相手国で183日を超えた時点で，双方居住者に該当することとなる。

3．出国に伴う所得税の精算

日本国内の会社に勤めているサラリーマンが1年以上の予定で，海外などの支店に転勤し，又は海外の子会社に出向した場合は，出国の日の翌日から，所得税法でいう「非居住者」になる（所得税法2条1項5号）が，それまでの間に国内勤務で得た給与には，原則として日本の所得税が課税される（所得税法5条1項，7条1項，127条1～3項）。

したがって，給与等の支払いを行う者は，その居住者が海外に出国する日までに，年末調整をしなければならない。

4．月の途中で出国した場合の給与に係る源泉徴収

給与等の計算期間の中途において非居住者となった日以後に支給期の到来する当該期間の給与等のうち，当該計算期間が1月以下であるものについては，その全額がその者の国内において行った勤務に対応するものである場合を除き，その総額を国内源泉所得に該当しないものとして取り扱って差し支えないものとされている（所得税基本通達212－5）。

つまり，当月分の給与については，源泉徴収は不要となる。

5．出国後に支給されるボーナスの国内源泉所得の計算

非居住者が国内及び国外の双方にわたって行った勤務又は人的役務の提供に基因して給与又は報酬の支払いを受ける場合におけるその給与又は報酬の総額のうち，国内において行った勤務又は人的役務の提供に係る部分の金額は，国

内における公演等の回数，収入金額等の状況に照らしその給与又は報酬の総額に対する金額が著しく少額であると認められる場合を除き，次の算式により計算するものとする（所得税基本通達161-41）。

$$\text{給与又は報酬の総額} \times \frac{\text{国内において行った勤務又は人的役務の提供の期間}}{\text{給与又は報酬の総額の計算の基礎となった期間}}$$

したがって，出国後に支給されるボーナスについては，国内源泉所得を日数按分により計算することとなる。

6．出国者に対する住民税の課税

所得税においては，「居住者」「非居住者」の区分は，基本的には個人の住所地がどこにあるのか，また，それがない場合１年以上の居所がどこにあるかによって判断される（所得税法２条１項３号）。これに対し，地方税（地方住民税）にあっては，賦課期日（当該年度の１月１日）においてその者がどこに住所を有しているかによって，住民税を賦課するか否かを判断することとしている（地方税法24条１項，294条１項，734条１項，736条３項）。

つまり，住民税においては，年の中途で出国した場合でも，出国が１月１日である場合を除き課税される。

7．海外赴任後に生じた国内源泉所得に係る確定申告

海外勤務により非居住者となった場合において，赴任日からその年の12月31日までの間に次に掲げるような所得（特定所得）がある場合には，赴任時までの全ての所得と合計した上で，赴任日の翌年２月16日から３月15日までの間に確定申告をすることが必要である（所得税法120・121条）。

① 国内にある資産の運用，保有又は譲渡等による所得及び国内に事業所等を設けて事業を行っているときは，その事業に係る所得

② 組合契約等による利益の分配による所得

③ 国内にある不動産等の譲渡等による所得

④　国内にある不動産の賃貸による所得

したがって，特定所得がある場合には，赴任日以後からその年の12月31日までの分について，確定申告が必要となる。

8．海外で勤務する日本法人の役員に対する役員報酬の支払い

前述したように，日本法人の海外支店などに1年以上の予定で勤務する給与所得者は，国内に住所を有しない者と推定され，所得税法上の非居住者となる。非居住者が受け取る給与は，たとえその給与が日本にある本社から支払われていても勤務地が外国である場合，原則として日本の所得税は課税されない。

しかし，同じく海外支店などに勤務する者であっても日本法人の役員の場合には，その受け取る役員報酬については取扱いが異なる。この場合には，その役員報酬は，日本国内で生じたものとして，原則として20.42％の税率で源泉徴収を行う必要がある（所得税法161条1項12号イ括弧書き，所得税法施行令285条1項）。

ただし，日本法人の役員が日本法人の海外にある支店の長として常時その支店に勤務するような場合には非課税となる（所得税基本通達161-41, 42）。つまり，「使用人」であれば，海外赴任後に支払われる役員給与は国内源泉所得にならないため，日本では課税されない（所得税法161条1項12号イ）。

また，租税条約で国内法と異なった定めがなされている場合には，租税条約の定めるところによる（所得税法162条）。例えば，日スリランカ租税条約第11条では，役員報酬については，役務提供地国で課税することとされている。

なお，日米租税条約第15条では，役員報酬について法人の所在地国で課税できることとされているが，所得源泉地を修正するものではないので，所得税法による国内源泉所得の判定には影響しない。

9．「役員」と「使用人」，「使用人兼務役員」の区分

前述の通り，内国法人の役員については，その勤務地が国内であるか否かを問わず，全て国内源泉所得として課税されることになっている（所得税法161条1項12号，所得税法施行令285条1項1号）。ただし，役員としての肩書は有していても，その者が「内国法人の使用人として常時勤務」を行っている場合には，

その者の勤務は，使用人として扱われる（所得税法施行令285条1項1号括弧書き）。ここでいう「内国法人の使用人として常時勤務を行う場合」とは，内国法人の役員が，内国法人の海外にある支店の長として常時その支店に勤務するような場合をいうこととされている（所得税基本通達161-42前段）。

ただし，例えば，非居住者である内国法人の役員が，その内国法人の非常勤役員として海外において情報の提供，商取引の側面的援助等を行っているにすぎない場合は，これに該当しないこととされている（所得税基本通達161-42後段）。

なお，例えば，「内国法人の役員が国外にある」その法人の子会社に常時勤務するような場合であっても，次のような場合には，使用人としての扱いを受けることが認められている（所得税基本通達161-43）。

① その子会社の設置が現地の特殊事情に基づくものであって，その子会社の実態が内国法人の支店，出張所と異ならないものであること

② その役員の子会社における勤務が内国法人の命令に基づくものであって，その内国法人の使用人としての勤務であると認められること

また，「使用人兼務役員」とは，役員のうち部長，課長，その他法人の使用人としての職制上の地位を有し，かつ，常時使用人としての職務に従事する者をいい（法人税法34条，法人税法施行令71条），使用人兼務役員で，上記のように使用人として扱われる以外の役員については，国外で行う勤務も国内における勤務に含まれることとなる（所得税法161条1項12号イ，所得税法施行令285条1項）。ちなみに，租税条約には，国内法で定める「使用人兼務役員」の例外規定はない。

10. アメリカでの短期滞在者免税適用に当たり必要となる書類

Form 8233 Exemption From Withholding on Compensation for Independent (and Certain Dependent) Personal Services of a Nonresident Alien Individual の提出が必要となる。

第3節　外国人が日本で勤務する際によくある質問

1．外国人の雇用と居住形態の関係

外国人の雇用については，就労資格を確認する必要がある。もし，就労が認められない外国人を不法就労させた場合，3年以下の懲役，300万円以下の罰金又はこれを併科される（入管法73条の2）。

上記を避けるためには，就労資格証明書，資格外活動許可書などで確認する必要がある。なお，実務上は，パスポート，査証（ビザ），外国人登録証明書，在留資格認定証明書などの提示を求めて，本人確認及び就労の可否の確認を行うことが多い。

また，査証（ビザ）と居住形態との関係については，以下の通りである。

査証（ビザ）はあくまで参考資料であり，居住形態を決めるものではない。また，在留期間が3ヶ月又は6ヶ月というビザを所有している場合であっても，ビザの更新を行うことで日本での滞在期間を延長することもできる。このような場合，居住形態の判定は当初から1年未満しか滞在しないことが明らかである場合を除き，所得税法施行令14条1項1号又は15条1項1号の規定により判定することになる。

2．短期滞在者免税の適用を受けるための手続き（租税条約に関する届出　様式7）

租税条約に関する届出（自由職業者・芸能人・運動家・短期滞在者の報酬・給与に対する所得税及び復興特別所得税の免税）の概要は，租税条約の相手国の居住者である自由職業者，芸能人若しくは職業運動家又はその相手国の居住者である個人で国内での滞在が年間若しくは継続する12月の期間中183日又はそれより短い一定の期間を超えない者（「短期滞在者」という）が，その支払いを受ける所得税法161条1項12号イに掲げる報酬又は給与について，租税条約の規定に基づき源泉徴収税額の免除を受けるために行う手続きである。

手続根拠は，租税条約等の実施に伴う所得税法，法人税法及び地方税法の特例等に関する法律の施行に関する省令4条1～4項，8項，9条の5で，手続

対象者は，上記概要の源泉徴収税額の免除を受けようとする者である。

なお，提出時期は，入国の日以後最初にその報酬又は給与の支払いを受ける日の前日までであり，この届出書の提出後その記載事項に異動が生じた場合も同様である。

3．短期滞在者免税の適用を受けていた者の滞在日数が183日を超えた場合

短期滞在者免税の要件の一つに，「当該課税年度又は賦課年度において開始し，又は終了するいずれの12ヶ月の期間においても，報酬の受領者が当該他方の締約国内に滞在する期間が合計183日を超えないこと」がある（例：日英租税条約第14条2項(a)）。

また，非居住者に対して国内源泉所得の支払いが国外において行われる場合であっても，その支払いをする者が国内に事務所等を有するときは，その者がその国内源泉所得を国内において支払うものとみなして，源泉徴収をすることとなっている（所得税法212条2項）。

したがって，滞在日数が183日を超えた場合には，短期滞在者免税の適用が受けられなくなるため，前年の滞在分の給与等も含めて源泉徴収の対象となる。

4．非居住者及び海外赴任者の国内勤務と国外払い給与の課税

海外に赴任中の非居住者が，数週間来日して仕事をしたものの，その間の給与は国外の子会社から支払われている場合，日本滞在は数週間のためその者は依然として非居住者であり，国内源泉所得についてのみ課税される（所得税法2条1項5号，所得税法施行令14条1項1号，所得税基本通達3－3）。

上記の場合，給与等の人的役務提供は国内で行われているので，たとえその間の給与が外国の子会社から支払われていたとしても，その間の給与は国内源泉所得となる（所得税法161条1項12号イ）ことから，原則として20.42％の税率による源泉徴収が必要である（所得税法169・170条，212条2項，213条1項）。

ただし，租税条約で規定する「短期滞在者免税制度」の適用となる場合には，日本での源泉課税はされない。

5．研修生（インターンシップ）として受け入れた者に係る課税

日本国内で役務提供がなされた場合，それらの者が居住者であればもちろんのこと（所得税法5条1項，7条1項1号），非居住者の場合であっても，人的役務の提供（所得税法161条1項6号）又は給与その他の人的役務提供（所得税法161条1項12号）地が日本になるので，居住者の場合であれば通常の給与所得として源泉徴収が必要である（所得税法28・183条）。また，非居住者の場合であっても，国内における役務提供であるので，20.42％の税率による源泉徴収が必要となる（所得税法212条）。

ただし，それらの者が日本との間で租税条約を締結している国からの「研修生」である場合には，租税条約の定めるところにより免税となることがある（OECDモデル租税条約第20条）。

6．専修学校の就学生に対する免税条項の適用の是非

租税条約において，免税条項の適用を受けることができる「学生」，「事業修習者」及び「事業習得者」の範囲については，国内法の規定により解釈することになるが，日本の場合は一般的には次のように解されている（租税条約等実施特例省令8）。

① 学生：学校教育法1条に規定する学校の児童，生徒又は学生

② 事業修習者：企業内の見習研修者や日本の職業訓練所等において訓練，研修を受ける者

③ 事業習得者：企業の使用人として又は契約に基づき，当該企業以外の者から高度な職業上の経験等を習得する者

つまり，日本語学校などの専修学校又は各種学校に在学する就学生については，学生，事業修習者又は事業習得者の免税条項の適用はないといえる。

7．中国，インドからの留学生に支払うアルバイト代に係る課税

(1) 中国から来日した大学生

もっぱら教育を受けるために日本に滞在する学生で，現に中国の居住者である者又はその滞在の直前に中国の居住者であった者が，その生計，教育のために受け取る給付又は所得は，免税とされる（日中租税条約第21条）。

ただし，源泉徴収の段階で免税措置を受けるためには，給与等の支払者を経由して「租税条約に関する届出書」を，その給与等の支払者の所轄税務署長に提出する必要がある（租税条約等実施特例省令８）。

したがって，中国から来日した大学生の日本での生活費や学費に充てる程度のアルバイト代であれば，免税とされる。

⑵　インドから来日した大学生

専ら教育を受けるために日本に滞在する学生で，現にインドの居住者である者又はその滞在の直前にインドの居住者であった者が，その生計，教育のために受け取る給付は，免税とされる。ただし，日本の国外から支払われるものに限られる（日印租税条約第 20 条）。

したがって，インドから来た大学生が受け取る日本でのアルバイトによる所得は，国外から支払われるものではないので，免税とされない。この場合，その給与等については，その大学生が居住者か非居住者かの判定を行った上，それぞれの区分に応じた源泉徴収を行うこととなる。

上記の中国とインドのように，日本の締結した租税条約の学生条項は，免税とされる給付の範囲等が国によって様々であり，租税条約の適用に当たっては，各国との租税条約の内容を確認する必要がある。

８．従業員として雇用した外国人の国外居住親族に係る扶養控除

居住者が「扶養親族」を有する場合には，その扶養親族一人につき 38 万円の「扶養控除」が認められている（所得税法 84 条１項）。ここでいう「扶養親族」とは，「居住者の親族で居住者と生計を一にするもののうち，合計所得金額が 38 万円以下である者をいう。」こととされている（所得税法２条１項 34 号）。

したがって，たとえ住んでいる国が外国であったとしても単にそれだけの理由で扶養親族にならないということはなく，扶養控除を受けることは可能である。

なお，平成 27 年度の税制改正により，給与等又は公的年金等の源泉徴収及び給与等の年末調整において，非居住者である親族に係る扶養控除，配偶者控除，障害者控除又は配偶者特別控除の適用を受ける居住者は，その国外居住親族に係る「親族関係書類」や「送金関係書類」を 源泉徴収義務者に提出し，又

は提示しなければならないこととされた。

第4節　外国税額控除と国際的二重課税

1．外国税額控除の制度

外国税額控除とは，国際的な二重課税を調整する目的で，外国で納付した外国税額を一定の範囲で税額から控除する仕組みをいう（所得税法95条）。

日本に在中し稼得した所得がある外国人で，居住者の区分に該当する者は，原則として，国内源泉所得のみならず，国外源泉所得まで含めたいわゆる「全世界所得」に対して所得税が課されることになる。そのため国外での取引等により相手国で課税の対象となる所得を有することになった場合，当該居住者は，同一の所得に対して日本及び相手国の双方で課税を受けることになる。この二重課税を排除するための制度が外国税額控除である。

2．外国税額控除の控除限度額

外国税額控除制度により控除できる外国所得税の限度額は，次の通りである。

$$\text{その年分の所得税額} \times \frac{\text{その年分の国外所得総額}}{\text{その年分の所得総額}}$$

なお，外国税額控除の対象となる外国所得税は，原則として外国の法令に基づき外国又はその地方公共団体により個人の所得を課税標準として課される税とされている（所得税法施行令221条）。

3．外国税額控除の繰越控除

控除対象となった外国税額が，その年の控除限度額を超える場合で，その年の前年以前3年内の各年に繰越控除限度額があるときは，これを限度として，その超える部分の金額をその年の税額から控除することができる。同様に，控除対象となった外国税額が，その年の控除限度額に満たない場合で，その年の前年以前3年以内の各年に繰越対象外国所得税額があるときは，その年の余裕額を限度として，その繰越対象外国所得税額をその年の税額から控除することができる。

4．租税条約と国際的二重課税

租税条約は，締結国によって外国税額控除を認める範囲が異なる場合（道府県民税と市町村民税は対象外である等）があるため，外国税額控除が認められない場合はその範囲において国際的二重課税が生じることとなる。

また，租税条約が結ばれていない国々から来られた外国人の場合には，外国税額控除が受けられないため国際的二重課税が生じる場合がある[(2)]。

5．海外赴任中に課された外国所得税と外国税額控除

外国税額控除制度は，国際的二重課税を排除するために設けられている制度である。したがって，外国税額控除の適用を受けられるのは，同一の所得について日本と外国とで二重に課税された場合に限られる。

然るに，非居住者に対する課税は，国内源泉所得に限られている（所得税法7条1項3号）ので，非居住者だった時代に現地で得ていた所得は，国外源泉所得であり，日本では課税対象にならない。

したがって，非居住者時代に得ていた所得については，国際的二重課税という事態は生じていないため，たとえその所得に対し現地で外国所得税が課されていたとしても，それを日本の所得税法上外国税額控除の対象にすることはできない（所得税法95条，所得税法施行令222条の2第3項1号）。

6．短期滞在者に対して課された外国所得税と外国税額控除

ベトナム等の発展途上国の中には，租税条約等で本来課税しないこととされている短期滞在者に係る本国での支払給与についても，自国で課税所得に取り込んで課税している国がある。相手国で国内法における「居住者」の定義を広くとり，それらの者を「居住者」として取り込み，全世界所得課税とするとい

⑵　租税条約締結国については，財務省HP「－我が国の租税条約ネットワーク－」を参照。

う課税理論である。

租税条約の立場からすれば，双方居住者ということになるのでその振分けが必要になる可能性もあるが，相手国での国内法と条約との関係等もあるので，場合によっては国外源泉所得に相当する金額を計算し，日本で外国税額控除を受けることにより二重課税を回避するということが必要となる場合も考えられる。また，このような課税を受けた場合，相互協議による救済を受ける方法も考えられる。したがって，短期滞在者に対して課された外国所得税を日本で外国税額控除の適用を受けることは，場合によっては可能であると考える。

7．内国法人の役員が外国で得た役員報酬に対して課された所得税に係る外国税額控除

前述したように，内国法人の役員が得る役員報酬については，たとえその勤務が国外で行われたとしても，全て国内源泉所得として扱った上で課税することとされている。したがって，内国法人の役員が海外で得る役員報酬については，そもそも外国税額控除の対象となる国外源泉所得がないので，たとえ外国で得た所得について所得税が課されていたとしても，日本で外国税額控除の適用を受けることはできなかった。

平成23年度税制改正前までは租税条約の規定の中で「源泉地の置換え規定」を設けて国際的二重課税を排除しているケース（米国，英国，オーストラリア，カザフスタン，ブルネイ）があったが，この規定がなくても租税条約を締結している国であれば，海外で受け取る役員報酬は国外源泉所得に該当するものとして外国税額控除の対象とすることとした（所得税法95条，所得税法施行令222条）。

第5節　現行税制の課題

1．住所と居所の定義の不確実性

日本の所得税法において，「居住者」とは，国内に「住所」を有し，又は，現在まで引き続いて1年以上「居所」がある個人をいい，「居住者」以外の個人を「非居住者」と規定している。また，「住所」とは，「生活の本拠」をいい，国内に「生活の本拠」があるかどうかは，客観的事実によって判断することになっ

ている。そして，滞在地が２ヶ国以上にわたる場合に，その「住所」がどこにあるかを判定するためには，例えば，住居，職業，資産の所在，親族の居住状況，国籍等の客観的事実によって判断することになる。なお,「居所」とは,「その人の生活の本拠ではないが，その人が現実に居住している場所」とされている（所得税法２・３・７条，所得税法施行令14・15条，所得税基本通達２－１・３－１～３－３）。

上記のように,「住所」と「居所」の定義が必ずしも明確ではないため，実務的にはとても難しい判断をしなければならないケースが多数ある。特に，滞在地が２ヶ国以上の場合の「住所」の判定は総合的に勘案して判断しなければならないため，問題となる。

住所の概念については，民法上の住所の概念（民法22条）を借用しているとされており(3)，また，民法上の住所の概念については，税務訴訟において居住者判定を争った事案(4)において「客観的な事実，すなわち住居，職業，国内において生計を一にする配偶者その他親族を有するか否か，資産の所在等に基づき判定するのが相当」とされており，①住居，②職業，③国内において生計を一にする配偶者その他親族を有するか否か，④資産の所在等の４つの要素に基づく総合判断となっている。

以上のように,「住所」の概念が借用概念であり，またその「住所」の判断要件も総合的に勘案することとなっているため，非常に不明確な規定となっている。これにより「居住者」の判定が困難なケースが生じてしまうこととなる。なお,「居住者と非居住者の判定」についても，日本の国内法では１年基準を採用し，租税条約では183日ルールを採用し，乖離しているため実務上の混乱も多い。

---

(3)　石田喜久夫・石田剛『新版注釈民法 総則』谷口知平他編（有斐閣，2002），402頁，山崎寛『基本法コンメンタール民法総則〔第５版〕』遠藤浩編（日本評論社，2005），70頁。

(4)「国内における住所の有無」が争われた事件は，神戸地裁昭和60年12月２日判決（判例タイムズ614号58頁，税務訴訟資料147号519頁）。本事件（源泉所得税納税告知処分等取消請求事件）の控訴審判決は，大阪高裁昭和61年９月２日判決（訟務月報33巻５号1297頁，税務訴訟資料153号817頁），上告審判決は，最高裁昭和63年７月15日第二小法廷判決（税務訴訟資料165号324頁）。

2．居住者の範囲の見直しの必要性

それでは，諸外国における居住者の定義はどうなっているのか気になるところである。諸外国の居住者の判定については，次の通りである[5]。

(1) 米国

米国では個人の納税者は，米国市民及び米国市民以外の外国人に分かれ，外国人はさらに居住外国人と非居住外国人とに区分される（内国歳入法典第7701条(b)）。居住外国人とは，①米国の永住権を与えられた者（グリーン・カード保持者），②実質的滞在要件（年間の滞在日数等が183日以上等が要件）を満たす者である。

(2) 主要国

諸外国における個人の納税者の区分方法は様々であるが，一般的には，居住者と非居住者に区分し，課税範囲を定めている。また，居住者の定義も一様ではないが，課税年度において183日以上滞在することを居住者の要件の一つとしている国が多い（英国，フランス，イタリア，スペイン等）。

上記より，居住者の範囲の見直しについて検討すると，183日ルールの導入については，メリット，デメリットがあると考えられるが[6]，居住者の判断基準に滞在日数を採用している国も多くあり，また近時，国内外に住居や資産等を有する日本人が増加し，日本に住所又は居所を有するかどうかの判定が困難なケースが多数あることを考えると，日本も「183日以上滞在することのみ」を「居住者の要件」にするというシンプル（簡素）でより明確な基準に変更し，法的安定性を確保する必要があると考える[7]。

---

(5) 原武彦「非居住者課税における居住性判定の在り方ー出国税（Exit Tax）等の導入も視野に入れてー」税大論叢65号，3～4頁。税理士法人トーマツ『欧州主要国の税法〔第3版〕』（中央経済社，2017），税理士法人トーマツ『アジア所得の税法〔第8版〕』（中央経済社，2013）等を参考にまとめた。

(6) 藤本哲也教授は，滞在期間による居住性の判定について，「国内に一定期間（世界的には，183日とすることが多い，日本は1年としている。）滞在している者（居住者）を『自国の者』とするルールである。」とされ，そのメリットとして「客観的な基準として明確であり，かつ，その者の経済活動と国家の結びつきに応じた課税が可能になる。」，デメリットとして，「居住期間の決め方によっては，短期間しか滞在していないのに課税されることなり，その者の経済活動に支障を及ぼすおそれがある。」と述べている（藤本哲也『国際租税法』（中央経済社，2005），45～46頁）。

3．新興国における役務提供に対するPE認定課税の問題(8)

(1)　出張者のPE認定

親会社が現地子会社に対して高頻度で出張者派遣等を行う際，税務当局が当該出張者をPEと認定し，出張者に帰属する所得に対して課税を行う場合がある。

日中租税条約第5条では，6ヶ月を超えない短期滞在である場合はPE認定されないことが定められているが，6ヶ月基準の定義が曖昧で，1ヶ月に1日ずつ滞在し，それが6ヶ月を超えるような場合にまでPE認定された事例がある。

(2)　出向者に対するPE認定

親会社が現地子会社に派遣した出向者について，親会社が当該出向者の給与を一時的に立て替えていることを理由として，税務当局が派遣元の親会社のPEとして認定された事例がある。

中国の通達（国税発[2010]75号）によれば，親会社からの出向者が現地子会社の業務をしていれば，PEとして認定されないと規定されている。しかしながら，出向社員の給与などを親会社が立て替えている場合に，人的役務の提供としてその対価を回収しているとして出向者が日本親会社のPEとして認定され，営業税の課税対象とされ，また，PE認定を受け入れなければ納

---

(7)　小松芳明教授は，183日基準による判定は国際的なルールであり，我が国での導入が望ましいとの見解を示されていた（小松芳明「居住者の定義－183日ルールの導入－」国際税務5巻1号（1985），15頁）。

また，原武彦教授は，「我が国に183日基準を採用する場合は，単純にこの基準により，居住者・非居住者の判定を行う方法のほか，住所の有無の基準は残しながら，1年以上の居所の基準を183日基準に変更し，『①国内に住所を有する個人又は②課税年度において国内に183日以上滞在する個人』を居住者とするという案が考えられる。」と述べている（原武彦「非居住者課税における居住性判定の在り方－出国税（Exit Tax）等の導入も視野に入れて－」税大論叢65号，84頁）。

なお，国税庁の平成29年度税制改正意見では，居住者の範囲の見直しについて，「現行の居住者に加え，その年に国内に通算183日以上滞在した者を追加する」と提案している。

(8)　経済産業省「新興国における税務人材の現状と課税事案への対応について（2015年5月）」，17～18頁。

税証明書を発行してもらえず，海外送金をさせてもらえない事態となった。

上記のような理不尽なPE認定課税の問題に対しては，出張者，出向者，現地子会社いずれの進出形態であっても，「経済的合理性のある活動をしているか」という点を疎明できるよう事前に準備しておくことが重要であると考える。

4．派遣労働者のハイアリング・アウトに対する対処

BEPS行動計画6：租税条約の濫用防止（Action 6: Preventing the Granting of Treaty Benefits in Inappropriate Circumstances）においての議論では，一方の締約国の居住者が他方の締約国において行う勤務に関して取得する報酬について，（OECDモデル租税条約第15条2項b）の要件を満たすために，）勤務地国の居住者でない仲介者との雇用形態とし，同仲介者から報酬を得ることにより，OECDモデル租税条約第15条2項の短期滞在者免税の特典を不当に得るという濫用の手法があるとされている（Hiring-out of labour cases）。

このような租税条約の濫用の手法に対しては，OECDモデル租税条約第15条のコメンタリー8.1項から8.28項（特に8.3項[9]）で規定されている対抗措置により対応可能であると考えられている[10]。

上記のように，短期滞在者免税制度を利用し，国外の仲介者（人材派遣業者）を形式上の雇用者として，外国人労働者を183日以内の期間で雇用するスキームが指摘されており，日本においても「BEPS防止措置実施条約[11]」に遵守した対処をする必要があろう。

---

(9) OECDモデル租税条約第15条コメンタリー8.3項は以下の通りである。

以下の場合，本項の第2項は，他方の締約国で行う勤務について一方の締約国の居住者が取得する報酬で，他方の締約国の居住者でない雇用者が支払った又はこれに代わる者から支払われた報酬には適用しないものとする。

(a) 報酬の受領者が勤務を通じてその雇用者以外の者に役務を提供し，当該雇用者以外の者が当該役務を行う方法を直接又は間接に監督，指示，又は管理している。

(b) これらの役務が，当該雇用者以外の者が行う事業活動に不可欠な部分を構成する。

(10) 本庄資「（仮訳）不適切な状況における条約特典の授与の防止　行動6－2015年最終報告書」租税研究2017年1月号，232頁。

結論

本章においては，海外勤務の源泉徴収実務について，二重課税となった場合の対応法を「短期滞在者免税」制度を中心に,「日本人の海外赴任」と「外国人が日本で勤務する際」に分けて検討した。これにより，租税条約の重要性がおわかりいただけただろうか。現行の日本においては，さらなる二国間租税条約の拡充，また国際的には，多国間税務行政執行共助条約及びBEPS防止措置実施条約の更なる拡充が必要である。

なお，居住者の定義については，日本においても国際的にも多く採用されている「183日ルールを導入」し，シンプルな基準により,「居住者と非居住者の判定」を行う方法に改正するよう，法的安定性及び予測可能性の見地から本章において提言する。

---

(11)　2017年6月7日にパリで開催された署名式においてBEPS防止措置実施条約に署名した国・地域は67ヵ国・地域である。また，本条約によって既存の租税条約に導入されるBEPS防止措置は，①租税条約の濫用等を通じた租税回避行為の防止に関する措置，及び，②二重課税の排除等納税者にとっての不確実性排除に関する措置から構成され，具体的には，BEPSプロジェクトの以下の行動計画に関する最終報告書が勧告する租税条約に関連するBEPS防止措置が含まれる。行動2：ハイブリッド・ミスマッチ取極めの効果の無効化，行動6：租税条約の濫用防止，行動7：恒久的施設認定の人為的回避の防止，行動14：相互協議の効果的実施（本庄資・田井良夫・関口博久『国際租税法－概論－（第4版）』（大蔵財務協会，2019），425～426頁）。

第 9 章

BEPS 政策パッケージ
（ミニマム・スタンダードからベスト・プラクティスまで）
の国内法整備の課題

問題の所在

BEPS最終報告書の勧告内容について，OECDはどのように分類しているかを検討し，さらに，我が国の各行動への取組み，BEPSプロジェクトの合意・勧告の国内法化及び租税条約の改正の方向性，今後の国内法整備の課題などを検討する。

第1節　BEPS最終報告書の勧告内容の分類

BEPS最終報告書の勧告内容は，勧告の性質によって，4つのカテゴリーに分類できる。ここでは，勧告の拘束力の強い順にまとめて述べる。

1つ目は，順守を要請するもので「ミニマム・スタンダード」と呼ばれ，全てのOECD/G20加盟国が一貫した実施を約束（commit）するものである。拘束力は強く，行動5（有害税制への対抗），行動6（条約の濫用防止），行動13（移転価格文書化）のうち国別報告事項，行動14（紛争解決メカニズムの効率化）が該当する。

2つ目は，順守を推奨するのもので「既存のスタンダードの改正」である。OECDモデル租税条約やOECD移転価格ガイドラインの改訂を伴うものであるが，BEPS最終報告書の説明文では「すべてのBEPSプロジェクト参加国がその基礎となる租税条約や移転価格税制のスタンダードを承認しているわけではないことに留意する」とされている。すなわち，開発途上国等が独自色を発揮する可能性がある分野で，拘束力はミニマム・スタンダードに比べ劣る。行動7（PE認定の人為的回避の防止）と行動8～10（移転価格と価値創造の一致）が該当する。

3つ目は，共通の方向性を確認するもので「共通アプローチ」と呼ばれ，国内法に関するもので，各国の慣行の統一を促進するものである。行動2（ハイブリッド・ミスマッチ取決めの無効化）と行動4（利子控除制限）が該当する。

4つ目は，各国の制度改正の参考にするもので「ベスト・プラクティス」と呼ばれ，これは，新しく国内法を導入するなど，問題に対応しようとする国を支援するものである。行動3（効率的なCFC税制の設計）と行動12（義務的開示制度）が該当する。

なお，行動11（BEPSの測定・モニタリング）については純粋なレポートであり，特段の勧告はなされておらず，上記の分類には当てはまらない。また，行動15（多国間協定の開発）も，BEPS最終報告書のうち租税条約の改訂に関する勧告についての実施手続きを定めたものであり，同様に当てはまらない。行動1（電子経済への対応）については，消費税に関する勧告は行われたが，法人税に関する勧告がないため，特に分類されていない状況である。

上記をまとめると，【表1】の通りである。

【表1】15の行動計画と各国に対する拘束力の強弱

拘束力強	ミニマム・スタンダード（順守を要請）	行動5	有害税制への対抗
		行動6	条約の濫用防止
		行動13	移転価格文書化
		行動14	紛争解決メカニズムの効率化
	既存のスタンダードの改正（順守を推奨）	行動7	PE認定の人為的回避の防止
		行動8～10	移転価格と価値創造の一致
	共通アプローチ（共通の方向性を確認）	行動2	ハイブリッド・ミスマッチ取決めの無効化
		行動4	利子控除制限
	ベスト・プラクティス（各国の制度改正の参考に）	行動3	効率的なCFC税制の設計
		行動12	義務的開示制度
拘束力弱	今後の課題など	行動1	電子経済への対応
		行動11	BEPSの測定・モニタリング
		行動15	多国間協定の開発

（出典：日本経済新聞平成28年10月31日を一部修正加筆）

第2節　我が国の各行動への取組みの現状

我が国では，2015 年 10 月 5 日，BEPS 行動計画に関する最終報告書の公表についての財務大臣談話を発表し，BEPS プロジェクトの合意の実施について次の決意表明を行った。

> この最終報告書を受け，今後は実施段階（「ポスト BEPS」）に入っていくが，BEPS プロジェクトの真価は，グローバルに協調して実施されてはじめて発揮される。各国が，税制を堕落させることなく，BEPS プロジェクトの合意を着実に実施することを期待する。日本としても，引き続き，実施に向け適切な対応をしていく。また，BEPS プロジェクトの成果が広く国際社会で共有されるよう，引き続き国際的な議論を先導し，途上国を含む幅広い国と OECD や関係する国際機関が協調するポスト BEPS 枠組みの構築に貢献していきたい。

財務省は，税制調査会総会資料「BEPS プロジェクト最終報告書の概要」において，勧告の実施について，次の各行動への取組みを公表している。

⑴　行動１：平成 27 年度税制改正で対応済み。

　①　国外事業者が国境を越える電子書籍・音楽・広告の配信等の電子商取引に，サービス提供を受ける者の所在地で消費税を課することとした（平成 27 年 10 月 1 日施行）。

　②　国境を越えるサービス提供に対する消費税の課税方式の見直し。

　　(i)　Ｂ２Ｂ取引：リバースチャージ方式

　　(ii)　Ｂ２Ｃ取引：国外事業者申告方式

⑵　行動２：平成 27 年度税制改正で対応済み。

　①　子会社所在地国で損金算入される配当には外国子会社益金不算入制度を適用しないこととした（平成 28 年 4 月 1 日以後開始事業年度から適用）。

　②　損金算入否認ルールは，租税条約に反しないこととする。

⑶　行動３：今後，法改正の要否を含め検討。

⑷　行動４：今後，法改正の要否を含め検討。

⑸　行動５：既存の枠組みで対応。

①　ユニラテラルAPA，事前照会等の自発的交換の枠組み。

②　パテント・ボックスの導入の要否。

③　実質的活動要件の明確化。

⑹　行動６：租税条約の拡充の中で対応。

一般的濫用防止規定（GAAR）（PPT，LOB，導管取引防止規定）の導入。

⑺　行動７：租税条約の拡充の中で対応。

①　代理人PEの定義の拡張。

②　準備的・補助的活動の範囲の限定。

③　企業の本質的活動をPEと認定されない活動に分割することを防止するため，各場所が相互に補完的活動を行う場合には各場所を一体の場所とみなすこと。

⑻　行動８～10：今後，法改正の要否を含め検討。

BEPSプロジェクトの改訂案によるTPGの改訂に伴う国内法の改正等（国内ガイダンスを含む）。

①　広範な無形資産の定義。

②　法的所有権のみでは無形資産の「使用」からの収益の配分を受けることができないことを明確にし，無形資産のDEMPE（開発，改善，維持，保護，使用）に関する重要な機能を果たす関連企業が適切な対価を受けることができることを明確化すること。

③　無形資産の評価方法，特にDCF法のガイダンスを策定。

④　評価困難な無形資産（HTVI）に関する所得相応性基準を策定。

⑤　費用分担契約に関するガイダンスの更新。

⑥　資金を提供するだけで実体のない関連会社をCash boxとして利用することを防止するため，グループ内企業のリスク移転及び過剰な資本の配分に対処するTPG改訂に従った国内法改正及び租税条約改正。

⑦　商業合理性のない関連者間取引そのものの否認（non-recognition）の適用を明確化。

⑧　取引単位利益分割法（transactional PS），低付加価値グループ内役務提供に関する簡素化アプローチ，クロスボーダー・コモディティ取引の価

格基準日の決定などBEPSプロジェクト改訂案によるTPG改訂に従った国内法改正及び国内ガイダンスの策定。

⑼　行動12：今後検討。

現在，米国，英国，カナダ，アイルランド，韓国，イスラエル，ポルトガル，南アフリカ等が採用している義務的開示制度を参照し，BEPSプロジェクトの勧告に従い，一般的租税回避否認規定（GAAR）の導入と合わせて新制度を策定。

⑽　行動13：平成28年度税制改正で対応予定。

①　コンプライアンスコストと税務当局の「情報の非対称性」の問題解決のメリットとの均衡。

②　守秘義務を重視した情報共有システム（国別報告書の共有チャート）。

③　OECD「国別報告書ガイドライン」及び「国別報告書実施パッケージ」の遵守。

⑾　行動14：対応済み。

①　「仲裁」制度の実施上の問題点の検討。

②　相互協議担当職員の増加。

⑿　行動15：参加予定。

OECD/G20としては，「ポストBEPS」として次の取組みを実施することとしている。

①　各国で必要な法整備及び租税条約の改正作業・各国の実施状況のモニタリング。

②　残された課題について引き続き検討。

③　開発途上国を含む幅広い国と関係機関が協調する枠組みの構築。

第３節　BEPSプロジェクトの合意・勧告の国内法化及び租税条約の改正の方向性[1]

財務省は，ポストBEPSの取組みを重要課題の一つとして取り上げ，議論を推進するよう各国と協調する方向性である。ここでは，各行動の勧告を確認し，国内法制化及び租税条約の改正の方向性を検討する。

⑴　行動１：電子経済特有のBEPSは存在せず，他の行動（３，７，８～10）の勧告を実施することでBEPSに実質的に対応できると結論を出した。なお，VATについて，国境を越えて提供されるサービスの課税地は，Ｂ２Ｂ取引は「顧客が所在する国」，Ｂ２Ｃ取引は「顧客が居住する国」の原則を適用するとともに，課税方式についてはＢ２Ｂ取引にはリバースチャージ方式，Ｂ２Ｃ取引には国外事業者に事業者登録を行う方式の導入を検討することを勧告。

①　行動３による電子経済への対応：親会社が保有する無形資産を低税国に設立した子会社（実質的経済活動を行っていない）に譲渡し，当該子会社を通じ無形資産を利用した商品・サービスの提供により当該子会社に所得を集中することができるが，ベストプラクティスとして低税国に移転された無形資産の利用による当該子会社の所得を合算対象に含めることを勧告。

②　行動７による電子経済への対応：(i)電子経済において現地子会社が実質的な交渉を行い，親会社が実際の契約を行うことによるPE認定の回避を防止するため,「契約締結に繋がる主要な役割を果たすこと」を代理人PEの活動に含めること，(ii)商品の引渡しのみを目的とする場所でも，事業の本質的活動を構成するオンライン販売のための巨大倉庫等をPEと認定することを勧告。

⑴　BEPS 2015 Final Reports : Final BEPS package for reform of the international tax system to tackle tax avoidance.
本庄資『国際課税における重要な課税原則の再検討　中巻』（日本租税研究協会，2016），495～501頁。

③　親会社が開発した無形資産を低税国に設立した子会社に低廉譲渡し，当該子会社がその無形資産の利用による超過利潤を留保することに対し，比較対象の不存在により独立企業間価格算定が困難であるため，現行TPGでは適正に対応できないので，無形資産の予測収益の割引現在価値に基づいて無形資産の価値を評価する方法（DCF）を導入し，一定要件により事後の収益に基づいて譲渡時の予測便益の修正を行うことを勧告。

＊我が国は，平成27年度税制改正で対応済みであるが，デジタル課税における各国の対応等(2)を見極めつつ，引き続き整備していく必要があると考える。

⑵　行動2：ハイブリッド・ミスマッチ・アレンジメントをDD，D/NI，二重外国税額控除等に類型化し，その効果を無効化するためのリンキング・ルールとして第一次ルール及び防御ルール（国内法上の措置）の勧告(3)。

ハイブリッド商品について，例えば，外国子会社配当益金不算入制度において子会社が損金算入できる配当をその制度の適用外とすること，第一次ルール（支払者の控除否認）と防御ルール（通常所得として益金算入），ハイブリッド・エンティティについて，第一次ルール（親会社の控除否認）と防御ルール（支払者の控除否認）を勧告。

租税条約に関連するBEPSに関し，①双方居住者の振分けルールにより租税条約の適用上相手国居住者とされる者が国内法上の居住者として有利な取扱いを受けながら租税条約上非居住者として条約の特典を享受することを防止する

⑵　近時，「デジタル課税」におけるGAFAに代表される多国籍IT企業は，巧妙なタックス・プランニングを作り上げ，収益を上げている国（消費国）で税金を納めなくて済むようにし，消費国は税収減という問題を抱えている。

この問題により，新たなにPEの枠組みとして下記の案が現在検討されている。

・「ユーザー所在地国」（英国案）
・「マーケットインタンジブルのある国」（米国案）
・「重要な経済的存在がある国」（インド他発展途上国案）

この問題は，国際課税における，喫緊の最重要課題である。

⑶　ECOFIN formally adopted a proposed amendment to the Parent-Subsidiary Directive（PSD）to prevent the double non-taxation of distributed profits within corporate groups resulting from hybrid loan arrangements on 8 July 2014.

ため，「租税条約上相手国居住者とされる者は国内法の適用上非居住者とみなす」規定を国内法に規定することを勧告し，②課税上透明体（fiscally transparent entity）を通じて取得される所得(4)に係る二重課税及び不当な条約特典の享受を防止するため，源泉地国が相手国の課税上の取扱いに応じて相手国居住者とされる者の所得として取り扱われる部分について条約特典を与える規定をモデル租税条約に追加することとする。

＊我が国では，平成27年度税制改正において，一定のハイブリッド・ミスマッチについては対応しているが，上記①については未対応である。早急な改正が必要であると考える。

⑶　行動３：CFC ルール設計のベストプラクティスの勧告

６つの構成要素（対象外国子会社，適用除外，対象所得の定義，所得計算ルール，親会社への合算方法，二重課税の排除）に分けて勧告。勧告について，各国がその租税政策や国際的義務等に従って柔軟に制度設計することを認める。CFC ルール(5)は，外国子会社の所得のうち，実質的経済活動を伴わない受動的所得を親会社の利益とみなして合算する。特に，所得移転に利用される持株会社，金融業，インボイシング・カンパニー，IP，デジタル商品・サービス，キャプティブ保険・再保険から生じる所得を対象に含める。CFC ルールの移転価格税制の補完機能を重視し，Cash box の資金提供リターンを対象に含める。

①　CFC：関連者・非関連居住者による法的・経済的持分が直接・間接50％超の法人（パートナーシップ，信託を含む。）

②　CFC 所得の定義：⒜カテゴリーアプローチ（法的形式等に基づいて分類された所得）：配当，利子，保険所得，販売・サービス，使用料，その他の IP 所得，⒝実質アプローチ（実質的な経済活動を伴わない所得），⒞超過利潤アプローチ（低税国にある CFC 所得のうち，通常所得を超える部分）

③　所得計算：親会社の居住地国の法令により計算。

⑷　Mitchell Weiss and Craig Foxgrover Income derived Through Fiscally Transparent Entities : Practical Issues and Unintended Consequences Bloomberg BNA Income Tax Planner-Web.　March1, 2014.

⑸　例えば，CFC につき，Deloitte Guide to Controlled Foreign Company Regimes2014.

④　合算割合：納税者のCFCに係る保有割合。

＊　我が国においては，近年改正を続けているが，取引アプローチ又はインカム・アプローチに変更することも含めて，今後も引き続き改正の必要があると考える。

⑷　行動4：企業が支払う利子について，①固定比率ルール（企業別の純支払利子／EBITDA⑹比率が基準固定比率を超える場合その超過部分の利子控除を制限），②グループ比率ルール（多国籍企業グループ全体のグループ外への純支払利子／グループ全体のEBITDA比率が基準固定比率を超える場合当該企業の利子損金算入をグループ全体の比率まで認容），特別ルール（過少資本税制等），デミニマスルール，超過利子の繰越により損金算入制限を勧告。

＊　我が国においては，勧告を受け入れ，令和元年度税制改正にて対応した。

⑸　行動5：有害な税の慣行に対処するため，①経済活動の実質性に関する新基準（パテント・ボックス⑺については国内の開発活動の割合による比例適用）及び②他国の税源に影響するルーリングの関係国への自発的交換の義務付け。

（i）IP所得について，ネクサス・アプローチ⑻により，IP開発費用の総額に占める自社開発支出（関連者への外注費及び他のIPの取得費を除く）の割合に応じて優遇税率を適用できる所得を算定すること（関連者への外注費

⑹　EBITDAとは，earnings before interest，taxes，depreciation and amortization＝税引前利益＋減価償却費＋支払利息の略号。多国籍企業の投資状況や経営成績の評価に用いられる。

⑺　⒜　Robert D. Atkinson and Scott Andes Patent Boxes : Innovation in Tax Policy and Tax Policy for Innovation October2011.

⒝　Peter R. Merrill, James R. Shanahan Jr. , Jose Elias Tome Gomez, Guillaume Glon，Paul Grocott，Auke Lamers，Diarmuid MacDougall, Alina Macovei, Remi Montredon, Thierry Vanwelkenhuyzen, Alexandru Cernat，Stephen Merriman，Rachel Moore, Gregg Muresan, Pieter Van Den Berghe and Andrea Linczer Is it Time for the United States to Consider the Patent Box ? Tax Notes，March, 2012.

⑻　⒜　OECD Action 5 Agreement on Modified Nexus Approach for IP Regimes2015.

⒝　OECD Explanatory paper Agreement on Modified Nexus Approach for IP Regimes.

等については自社開発支出の30%を限度として自社開発費に含めることを認める)。

(ii) 新基準の適用に関する国内法改正を2015年に開始し，既存のパテント・ボックス税制を新制度発効時又は2016年6月30日まで新規適用を停止し，2021年6月30日までに廃止すること。

(iii) 自発的交換を義務付けられるルーリング(9)は，(a)海運会社優遇税制，銀行業優遇税制，保険業優遇税制，金融業・リース業優遇税制，ファンドマネジメント優遇税制，統括会社優遇税制，物流センター優遇税制，サービスセンター優遇税制，IP優遇税制，持株会社優遇税制，その他FHTPが優遇税制と認めるもの，(b)ユニラテラルAPAを含む移転価格に関する国境を越えるユニラテラル・ルーリング及び課税所得の一方的下方調整を行う国境を越えるルーリング，(c) PE認定ルーリング，(d)関連者間導管取引ルーリングについては，(a)について優遇税制適用対象取引に係る出資比率25%以上の関連者，究極の親会社及び直近の親会社の居住地国，(c)についてルーリング対象取引に係る出資比率25%以上の関連者，究極の親会社及び直近の親会社の居住地国，(c)について本店所在地国又はPE所在地国，究極の親会社及び直近の親会社の居住地国，(d)について導管法人に直接・間接に支払う出資比率25%以上の関連者，導管法人に対する支払いの究極の実質所有者，究極の親会社及び直近の親会社を対象国とすること。

(iv) 加盟国及びアソシエイト諸国のFHTPの有害税制の審査を(ア) FHTPの審査対象に含まれるかどうかの判定，(イ) 4つの重要要素及び8つの他の要素に該当するかどうかの判定，(ウ)実体経済に及ぼす影響に関する判定の3段階で行い，実際に有害と判断された税制の廃止又は有害と判断された要素の除外を慫慂する。

---

(9) (a) European Commission Proposal for a Council Directive amending Directive 2011/16/EU as regards mandatory automatic exchange of information in the field of taxation Brussels, 18.3.2015COM (2015) 135 final.
(b) KPMG EU proposals for compulsory exchange of information on cross-border tax rulings March19, 2015.

＊　上記①のパテント・ボックス税制については，新基準に対応した税制の導入を我が国においても検討すべきであると考える。

(6)　行動６：租税条約の濫用防止のためのミニマム基準[(10)]として，①租税条約のタイトル・前文に「租税条約は租税回避・脱税を通じた二重非課税又は税負担軽減の機会創出を意図するものでないこと」を明記し，②租税条約に一般的濫用防止規定（GAAR）として，(a)主要目的テスト（Principal Purpose Test：PPT）のみ，(b) PPT及び簡素版LOB（Limitation on Benefit）の双方，又は(c)厳格版LOB及び導管取引防止規定のいずれかを規定すること，租税条約に租税条約上の特定要件の適用回避を防止する個別的濫用防止規定を設けることを勧告。

(i)　自国の居住者に対する国内法上の租税回避防止規定が租税条約の規定と整合的であることを確認。

(ii)　租税条約に関するBEPS対抗措置を二国間租税条約に取り入れるため，行動15により多国間協定を締結すること。

＊　我が国においては，今後も国際取引の増加が見込まれることから考えると，各国の税制との整合性が必要であり，GAAR導入の検討が必要であると考える。

(7)　行動７：代理人PE[(11)]の定義について，①契約者名基準のほか契約類型基準で代理人PEを認定し，② PEとされる代理人の活動に「契約の締結に繋がる主要な役割を果たすこと」を追加し，③もっぱら関連企業のためにのみ業務を行う者は独立代理人から除外すること，PEの例外となる「準備的・補助的活動」について，①いかなる活動も準備的・補助的活動でな

---

(10)　(a)　EY OECD releases final report under BEPS Action 6 on preventing treaty abuse October20，2015.

(b)　今村隆「租税条約における LOB 条項の意義と問題点－我が国の視点からみた 同条項の考察－」日本法学第79巻 第2号（2013）等。

(11)　(a)　松下滋春「代理人PEに関する考察」税大論叢45号（2014）。

(b)　伴忠彦「恒久的施設の範囲に関する考察－ AOAの導入と人的役務に係るPE認定－」税大論叢67号（2010）。

(c)　経済産業省貿易経済協力局貿易振興課『新興国における人材の現状と課税事案への対応について』（2015）等。

い場合はPEの例外とせず，②各場所が相互に補完的な活動を行う場合は各場所を一体の場所とみなしてPE認定を行うこととし，新たに認定されるPEの帰属利得の計算に関するガイダンスを策定。

＊　我が国においては，PEの定義等については令和元年度改正により対応したが，各国との租税条約上での改定の必要がある。

(8)　行動8：BEPS防止のため，①無形資産を「有形資産又は金融資産でないもので，商業活動における使用目的で所有又は管理することができ，比較可能な独立当事者間取引では使用又は移転に際して対価が支払われるような資産」と広範かつ明確な定義をし，②無形資産の使用及び移転に関する利益[12]の価値創造に沿った配分のため，(a)法的所有権のみでは必ずしも無形資産の使用からの収益の配分を受ける資格がなく，無形資産のDEMPE（開発・改善・維持・保護・使用）に関する重要な機能を果たす関連企業は適切な対価の受領を期待できることとし，(b)無形資産のDEMPEに関するリスクを引き受ける関連企業はリスクコントロール機能及びリスクを引き受ける財務能力を有しなければならず，(c)資金を提供する関連企業が無形資産の利用になんらの機能も果たしていない場合，資金提供者はリスクフリーリターンより多くを受領することができず，(d)評価方法（特にDCF）が適切に利用できる場合のガイダンスを拡充し，③評価困難な無形資産（HTVI）に関する移転価格ルール（所得相応性基準[13]）の策定について，取引時点で評価困難な一定の無形資産について予測便益と実際の便益が一定以上に乖離した場合には実現値に基づいて独立企業間価格を評価

---

(12)　(a)　高久隆太「移転価格課税における無形資産の使用により生じた利益の帰属及びその配分」税大論叢49号（2005）。
(b)　大岩利衣子「移転価格税制における無形資産取引の考察：無形資産の所有権について3」小樽商科大学『商学研究』(2008) 59(1)。
(c)　KPMG A World in Transition : Managing the Transfer Pricing Implications of Complex Supply Chains2011. 等。

(13)　(a)　浅川和仁「米国税法上の無形資産の評価の実情と日本に対する示唆－所得相応性基準の分析を中心として－」税大論叢49号（2005）。
(b)　居波邦泰「無形資産の国外関連者への移転等に係る課税のあり方－わが国への所得相応性基準の導入の検討－」税大論叢59号（2008）等。

することを可能にする。

所得相応性基準の適用は、次の場合には免除される。

(i)　納税者が次のものを提供する場合

(a)　価格決定、合理的に予測可能な出来事その他のリスクの考慮を判断するため無形資産移転時の事前の予測及びその実現可能性の詳細。

(b)　財務上の予測と実際の結果との重大な乖離が取引時点で予測不可能であったこと、価格決定後の予測できない出来事によること又は原因の出来事の起きる確率が取引時点の見込みでは適切であったことについて信頼できる証拠。

(ii)　無形資産の移転がAPAの対象である場合

(iii)　財務上の予測と実際の結果の乖離が取引時点の価格の20%以下である場合

(iv)　無形資産が非関連者収益を生じてから(iii)の要件を満たして5年間を経過した場合

費用分担契約（CCA）[14]を利用した無形資産の移転によるBEPSを防止するためにガイダンスを更新。

＊　我が国においては，令和元年度税制改正により所得相応性基準を導入したが，CCAについても順次，国内法等の改正が必要であると考える。

(9)　行動9：リスクと資本に係る移転価格ルールについて，グループ内企業のリスク移転や過剰な資本の配分によるBEPS，第三者間では滅多に行われない取引によるBEPSを防止するため，ある関連事業体が契約上リスクを引き受け又は資本を提供しているという理由だけで不適切な利益が実体のない当該関連事業体に帰属しないようにTPGを改訂し，このような実体のない当該関連事業体（Cash box）に対処するため，①契約上のリスク配分は現実の意思決定を伴う場合にのみ認容し，②独立企業間価格算定のリスク分析の枠組みを策定し，③リスクの引受けにはリスクコントロールとリスクを引き受ける財務能力が必要であり，資本提供のみで機能を伴わない場合にはフリーリターンまでしか認めないこととする。関連者間取引

(14)　三田村仁「費用分担契約に関する一考察」税大論叢49号（2005）。

において商業合理性のない場合に，税務当局が関連者間取引の否認（non-recognition）を行うことについて明確化を図る。

TPG を BEPS プロジェクトの改訂案通りに改訂すること。

＊　我が国においては，順次，国内法等の改正が必要であると考える。

⑽　行動 10：他の租税回避の可能性の高い取引に係る移転価格ルールとして，①グローバル・バリューチェーン[15]における取引単位利益分割法（transactional PS）[16]の適用を明確化し，TPG 改訂作業を 2017 年に終了。②低付加価値グループ内役務提供（Low Value-added Intra-Group Services）に関する BEPS に対応するため，支払国の課税ベース保護に配意しつつ選択可能な簡素化アプローチ等のガイダンスを策定し，③クロスボーダー・コモディティ取引に関する BEPS に対応するため，一般に CUP 法が適切であることを明確化し，価格基準日の決定に関する新しい指針を規定。

TPG を BEPS プロジェクトの改訂案通りに改訂すること。

＊　我が国においては，順次，国内法等の改正が必要であると考える。

⑾　行動 12：アグレッシブ・タックス・プランニング（ATP）[17]の義務的開示制度について，租税回避の抑制と出現する新しい租税回避スキームに速やかに対処できるようプロモーターと利用者が税務当局に ATP を開示することを義務付ける制度を開示義務者，開示内容，開示手続等に複数の選択肢を用意し，各国が自国の法体系に最適な様式を選択することを認めるモジュラー方式を勧告。

⒂　(a)　経済産業省／三菱総合研究所『グローバル・バリュー・チェーン分析に関する調査研究報告書』(2012)。

(b)　加藤涼・永沼早央梨『グローバル化と日本経済の対応力』日本銀行 No. 13-J-13（2013）。

(c)　藤田哲雄「グローバルバリューチェーンの展開とイノベーション政策の方向性ーアジア企業の競争力向上にどのように立ち向かうべきか」JRI レビュー Vol. 5，No. 24（2015）。

⒃　望月文夫「最適方法ルールと日本の利益分割法に関する考察」『経営論集』61 巻 1 号（2014）。

⒄　本庄資「陳腐化した国際課税原則を見直し新しい国際課税原則を構築する必要性 － OECD の BEPS 対策の始動を中心としてー」税大ジャーナル（2013）。

ATPの義務的開示制度は，事前照会，自発的情報開示等の情報開示制度及び一般的租税回避否認規定（GAAR）と相互補完関係がある。

報告すべき情報は，プロモーター及び利用者の詳細，報告基準（一般基準及び個別基準），関係法令，予想されるタックス・ベネフィット，プロモーターの顧客リスト等である。報告義務者を①プロモーター及び納税者，あるいは②プロモーター又は納税者とし，報告の不遵守に対し罰則を科すこと。

＊　我が国においては，導入の要否等を検討し，早急に対応策を模索すべきであると考える。

⑿　行動13：多国籍企業の企業情報の文書化について，グループ内取引を通じる所得の海外移転に対し適正課税の実現には多国籍企業グループのグローバル取引の全体像の把握が必要であるが，現行の国際課税ルールではそのような情報入手は困難であった。OECD/G20は，コンプライアンスコストに配慮しつつ，税務当局の情報入手を可能にするため，共通様式に基づいた次の移転価格文書化ルールを策定した。

①　ローカルファイル：関連者間取引における独立企業間価格算定のための詳細な情報。

②　マスターファイル：多国籍企業グループの組織・財務・事業概要等多国籍企業グループ活動の全体像の定性的情報。

③　国別報告書（Country-by-Country reporting : CbC reporting）⒅：多国籍企業の各国ごとの所得，納税額の配分等，多国籍企業グループ活動の全体像の定量的情報。

「国別報告書ガイドライン」（2015年2月公表）

「国別報告書実施パッケージ」（2015年6月公表）

(i)　モデル当局間合意案：各国当局が国別報告書の自動的交換をするための国際合意についてCRSのCA間合意案を参考に策定された（マルチ合意案，二国間租税条約に基づく合意案，二国間情報交換協定に基づく合意案）。

⒅　(a)　PwC Tax Transparency and Country-by-Country Reporting－2012.

(b)　Richard Murphy FCA Why is Country-by-Country financial reporting by Multinational Companies so important ? tax justice network.　等。

(ii) モデル国内法：各国当局が国別報告書の自動的交換をするため，自国にある多国籍企業グループ親会社等に国別報告書の提出を義務付ける必要があるため，OECDは関連する国内法モデルを作成した。

＊ 我が国においては，平成28年度税制改正で対応済みであるが，詳細については引き続き整備していく必要があると考える。

(13) 行動14：相互協議[19]の効果的実施について，実効的相互協議の実施の障害を除去するため，相互協議を通じる適時の効果的な紛争解決のために次のミニマム基準及びベストプラクティスを勧告。

① 相互協議に係る条約上の義務の誠実な履行と相互協議事案の迅速な解決

② 租税条約に関連する紛争の予防及び迅速な解決促進の行政手続きの実施

③ 納税者に対する相互協議の機会の保証

各国におけるミニマム基準の実施状況のモニタリング。

＊ 我が国においては，すでに対応済みであるが，引き続き整備していく必要があると考える。

第4節　今後の国内法整備の課題

ポストBEPSにおいて，我が国が多国間企業のATP対策について世界各国の水準に比して著しく遅れている点を補強する必要がある。特に，①GAARの導入，②OECD/G20プロジェクトの規範性を尊重し，勧告の実質主義へのシフトをソフトローとせず，ハードローに反映すること，③各国制度の国際的一貫性の確立に必要なコンセプトの共有などが重要なポイントになろう[20]。

---

(19) (a) 水野忠恒「移転価格税制における相互協議手続の検討」『経営論集』61巻2号（2014）。

(b) 大野雅人「事前確認の法制化は何故必要なのか」『筑波ロージャーナル』16号（2014）等。

(20) 本庄資・田井良夫・関口博久『国際租税法－概論－（第2版）』（大蔵財務協会，2016），106頁。

また，BEPS最終報告書の勧告内容について，ミニマム・スタンダード及びベストプラクティスなどの勧告を受け入れる国内法改正及び租税条約の改訂が必要になるが，その基礎作業として，「国際的租税回避」（international tax avoidance），さらに「濫用的国際的租税回避」（abusive international tax avoidance）などの重要な概念を，我が国においてまず税法固有の概念として法定化することが必要であろう。

なお，国外事実の認定[21]について，今村隆教授は，『課税訴訟における要件事実論』[22]において，「適用除外―管理支配基準の評価根拠事実」を抗弁と説明しているが，国内事実と国外事実を区別せず，各国とも領土外の事実について調査権・情報収集権のない状態で立証責任を課税庁のみに負わせることが不条理であると考え，いわゆる「情報の非対称性」への対処，守秘義務，情報交換，情報の利用方法・立証責任の配分（反証可能な推定規定の導入）などの関連制度の整備も必要であると考える[23]。

立証責任については，国際取引の場面では課税庁側が立証することには限界があり現実的でないと考え，納税者側に立証責任を負わすように改正していく必要があると考える。なお，国内取引については現状のままで，課税庁側が立証責任を有し，立証責任をSharedする方法が良いのではないかと考える。

立証責任の負担者

納税者が負担する国：	Australia，Brazil，中国，Ireland，Russia，Singapore，韓国，Sweden，米国
税務当局が負担する国：	Belgium，France，India（proposed），Italy，日本，Mexico，Netherlands，英国（proposed）
Sharedの国：	Canada，Germany，Indonesia，Poland，South Africa，Switzerland，Turkey

（出所：Ernst & Young“GAAR rising”（2013））

(21)　レンタルオフィス事件（東京高判平成25年5月29日）において，外国子会社合算税制の適用除外要件（実体基準・管理支配基準）の充足の有無が争われたが，国際課税事案に係る事実認定のあり方について，国外事実についても税務当局にその主張立証の責めを負わせて証拠不十分により国側敗訴としている点で問題を残した。

(22)　今村隆『課税訴訟における要件事実論』（日本租税研究協会，2011）。

(23)　本庄資『国際課税における重要な課税原則の再検討　中巻』（日本租税研究協会，2016），544～545頁。

第 10 章

一般的租税回避否認規定と義務的開示制度（MDR：Mandatory Disclosure Rules）の導入の検討

我が国の租税法上,「租税回避」の定義は現在のところ存在しない。本章では,租税回避の意義について整理し，租税回避と BEPS の関係を検討し，一般的租税回避否認規定の必要性及び義務的開示制度を研究する。

第１節　租税回避の意義について

租税回避は，一般的租税回避否認規定の検討するためにも重要な用語であり,まずは，租税回避の意義について整理する。

１．金子宏教授の見解(1)

租税回避(2)（tax avoidance，Steuerumgehung）とは,「私法上の形成可能性を異常または変則的な態様で利用することによって，税負担の軽減または排除を図る行為のことである。租税回避には，２つの類型がある。１つは，合理的または正当な理由がないのに,通常用いられない法形式を選択することによって,通常も用いられる法形式に対応する税負担の軽減または排除を図る行為である。もう１つは，租税減免規定の趣旨・目的に反するにもかかわらず，私法上の形成可能性を利用して，自己の取引，それを充足するように仕組み，もって税負担の軽減または，排除を図る行為である。」と述べている。

また,「租税回避は，一方で，脱税（tax evasion,Steuethinterziehung）と異なる。脱税が課税要件の充足の事実を全部又は一部秘匿する行為であるのに対し，租税回避は，課税要件の充足そのものを回避し，または減免規定の適用要件を充足させる行為である。他方，それは，節税とも異なる。節税が，租税法規が予定しているところに従って税負担の減少を図る行為であるのに対し，租税回避は，租税法規が予定していない異常ないし変則的な法形式を用いて税負担の減少を図る行為である。もっとも，節税と租税回避の境界は，必ずしも明確でなく，結局は社会通念によって決めざるを得ない。」と述べている。

---

(1)　金子宏『租税法（第 23 版）』（弘文堂，2019），133 ～ 135 頁。

(2)　北野弘久『現代税法の構造』（勁草書房，1972），87 頁。清水敬次教授は，租税回避を「課税要件の充足を避けることによる租税負担の不当な軽減又は排除」と定義されている。清水敬次『税法（新装版）』（ミネルヴァ書房，2013），42 頁。

２．今村隆教授の見解(3)

租税回避とは,「私法上は，その法形式どおりに有効であるが,(1)租税法上の便益を得るのが主たる目的であってこれ以外の事業目的その他合理的目的がほとんどなく，(2)当該租税法規の趣旨・目的に反するにもかかわらず，租税上の便益以外の経済上の利益を得る見込みが極めて少ないか又は経済上の地位に意味にない変動を生じさせるものでないことから経済実質を欠く行為を行い，これによって，その法形式に対応する課税要件の充足を免れ又は課税減免規定の要件を充足させ，もって，税負担を減少させ又は排除すること」であると述べている。

なお，課税要件事実の認定に当たり，economic substance 基準の考え方を取り入れている。「これは,課税要件事実の当てはめにおける実質主義を採用すべきと主張するものではない。すなわち，課税要件事実の認定に当たり，直ちに私法上の形式を無視して，その経済実質に即して当てはめることは許されないと考えている。当該行為が租税回避であるか否かを検討するのは，課税要件事実の当てはめの場面でなく，むしろ租税法理解釈の場面で意味を持ち，当該行為が租税法の要件を定める規定の文言には形式的には該当するが，当該租税法規の趣旨・目的に反するか否かを検討するに当たり，手掛かりになると考えている。」と述べている。

３．本庄資教授の見解(4)

租税回避とは,「私法上の選択可能な法形式の中から租税法の予定しない常識を破る法形式を選択して，結果として意図した経済目的を達しながら，税法の予定した法形式について定める課税要件の充足を免れ，ひいては，税負担の減少又は排除をもたらすことと定義する。」と述べている。

定義上の問題点として，「①租税法の予定しない常識を破る法形式とは何か,

---

(3) 今村隆『租税回避と濫用法理－租税回避の基礎研究－』(大蔵財務協会，2015)，49 ～ 51 頁。

(4) 本庄資・田井良夫・関口博久『国際租税法－概論－（第４版）』(大蔵財務協会，2018)，306 ～ 307 頁。本庄資・藤井保徳『法人税法　実務と理論』(弘文堂，2010)，250 ～ 252 頁。

逆に常識的な法形式とは何か，②企業が選択した法形式が常識を破る法形式であることをどのように証明するか，③常識を破る法形式を選択することに税負担の減少以外の合理的な理由がある場合をどう判断するか，④その場合の合理的理由とは何か，等があげられる。」と述べ，「租税回避は，租税公平主義の立場からは見過ごすことができない問題であり，以上のような定義上の問題を克服しながらどのように効果的な対応策を講じていくかは，各国税務当局にとっての課題とされている。」と述べている。

４．小括

上記３人の教授の意見をまとめると，下記の通りである。

金子宏教授は，租税回避取引の類型は，「私法上の形成可能性を濫用（abuse；Missbrauch）することによって税負担の軽減・排除を図る行為である[(5)]」と述べ，「租税回避があった場合に，当事者が用いた法形式を租税法上は無視し，通常用いられる法形式に対応する課税要件が充足されたものとして取り扱うことを租税回避行為の否認と呼ぶ。[(6)]」と述べている。

これに対して，今村隆教授は，租税回避の本質に着目して「私法上有効な行為であるが，課税根拠規定の場合には，同規定の要件の文言には形式的には該当しないが，該当しないとすると当該規定が課税対象としている趣旨・目的に反する行為であり，課税減免規定の場合には，同規定の要件の文言には形式的には該当するが，該当するとすると同規定が減免するとしている趣旨・目的に反する行為[(7)]」と述べ，なお，当該行為が，課税根拠規定の趣旨・目的に反するか否かは，税法法規の場合には，経済実質（economic substance）の有無を問題にしている規定が多いことから，そのような規定の場合には，経済実質の有無をも考慮すべきであるとの考え方であり，法的枠内で経済実質を問題とする

(5)　金子宏『租税法（第23版）』（弘文堂，2019），135頁。
(6)　金子宏『租税法（第23版）』（弘文堂，2019），135頁。
(7)　今村隆『租税回避と濫用法理－租税回避の基礎研究－』（大蔵財務協会，2015），47頁。
(8)　今村隆『租税回避の意義とＧ８各国の対応』フィナンシャル・レビュー平成28年第１号，19頁。

ものであると述べている[8]。

また，本庄資教授は，租税裁定取引は，企業にとって当然のことであっても，企業の税負担の減少をもたらし，脱税ではないが，国家の歳入を減少させる行為であり，納税者の間に不公平感を醸成させ，節税として見過ごすことはできず，租税回避の問題として捉えるべきであると述べている[9]。

租税回避の定義については，今村隆教授の「経済実質」，本庄資教授の「経済目的」という用語が含まれていることに着目すると，当該行為が「経済実質の有無があるか否かを考慮し，定義すべきであると考える[10]。

第2節　BEPSと租税回避

本章では，ここまで，租税回避の定義を考察し，租税回避否認規定の問題点を検証してきた。本節では，BEPSと租税回避への対応を，森信茂樹教授の「BEPSと租税回避への対応ー一般的否認規定（GAAR）の整備をー」ファイナンシャル・レビュー平成28年第1号の見解[11]を参考に，以下にまとめる。

1．租税回避問題

(1)　BEPSについて

2012年英国で起きたスターバックスの租税回避問題をきっかけとして，アマゾンやグーグルなどの国際的租税回避がＧ８やG20レベルで問題となった。それを受けてOECD租税委員会でBEPS行動計画が策定され，15年９月に最終報告書が公表された。

BEPSの租税回避議論において明らかになったことは，我が国の租税回避の議論が国際的に遅れているということである。我が国以外の多くの国では，国内法に租税回避への対応としてGAAR（一般的否認規定）が導入されている。一方我が国では，GAARが導入されていないだけでなく，学会でも租税回避の定義すら確定していない。このような状況下で，IBM事件やヤフー事件の判決が混乱を加速させるなど，租税回避をめぐる議論は混とんとしている。これを放

(9)　本庄資・藤井保徳『法人税法　実務と理論』（弘文堂，2010），251頁。

置すると，BEPSの勧告を受け入れることが困難になるだけでなく，税負担の公平性や予見可能性・法的安定性の低下の問題を生じさせるとともに，企業の競争条件の不公平や税収確保の問題を引き起こす。

⑽　金子宏教授は，「形式と実質」がくいちがっている場合には，形式に従ってではなく，実質に従って判断し認定しなければならないと述べている。金子宏『租税法（第23版）』（弘文堂，2019），149頁。したがって，「法的形式」と「経済的実質」が異なる場合には，税務上は，法的形式よりも経済的実質を重視して判断する必要があることから考えると，租税回避行為は，実質（実態）で判断すべきであり，経済実態の有無を当該判定基準の一つにする必要があるのではないかと筆者は考えている。

なお，米国では，行き過ぎた租税回避行為（行き過ぎたタックスシェルター）の行為について，法令上明確な定義規定が存在していないことに着目し，議論がされている。スタンフォード大学のJ. Bankman教授は，「税務行政の危機」（The Crisis in Tax Administration（Brookings Institution Press 2004），第2章Tax Shelter Battleの中で，「タックスシェルターに関する定義は人によって異なり，法令上も明確な定義規定は存在しない。」とした上で，タックスシェルターの特色として次の5点を挙げている（同書9頁）。①税務目的（税負担軽減又は回避）で販売される取引であること，②少なくとも文言上（literal reading）は法令の規定に適合していること，③経済的実質は所得（economic income）であるものを，意識的に誤表示（misstate）していること，④そうすることで税負担を軽減（reduce the tax）していること，⑤それらの行為が，法令の目的又は目的論的解釈に合致していないような形で行われていること（in a manner inconsistent with any purposive or intentionalistic reading of the statute or regulation）川田剛「GAARの補強策，代替策としての租税回避商品の開示，登録制度」ファイナンシャル・レビュー平成28年第1号，71頁。

OECD租税委員会は，1977年1月に租税回避及び脱税に関する作業部会（working party on tax avoidance and evasion）を設置し，調査研究を行い，1980年に報告書において「租税回避」を「立法の意図に合致しない租税軽減行為」と定義し，(i)人為性，(ii)秘密性，(iii)法のループホールの利用をその要素とし，「認められない行為」としている。本庄資・田井良夫・関口博久『国際租税法－概論－（第4版）』（大蔵財務協会，2018），305頁。

また，OECDの租税用語集においては，租税回避について，「定義が難しい用語ではあるが，一般的には，納税者の租税負担を軽減しようとする納税者による取決めで，法的には文言上適法かもしれないが，当該取決めが従っている法律の目的（intent）に通例は反するようなものとして表現されている。」今村隆「租税回避の意義とG8各国の対応」ファイナンシャル・レビュー平成28年第1号，19頁。

⑾　森信茂樹「BEPSと租税回避への対応－一般的否認規定（GAAR）の整備を－」ファイナンシャル・レビュー平成28年第1号，5～14頁。

BEPSの趣旨は,「各国がリーマンショック後に財政状況を悪化させ,より多くの国民負担を求めている中で,グローバル企業が国際的な税制の隙間や抜け穴を利用した節税対策により税負担を軽減している問題が顕在化している」ことへの対応とされている。つまり,グローバル企業が国際的な税制の隙間や抜け穴を利用した節税が,第1に,税の公平・納税道義の問題,第2に,企業の競争条件の公平性の問題,最終的には,税収を損なわせるという問題を生じさせており,これへの対抗策と考えることである。我が国でも企業活動の国際化・複雑化を背景に,税をコストととらえる企業行動が一般的になる中,租税回避行為が徐々に広がりつつある。我が国の租税回避に対する法律の規定は,個別否認規定のみであることや,個別否認規定についても規定内容が不明確で,その解釈をめぐって争いが生じており,十分対応できているとは,言い難い状況にある。

また,学会における租税回避の議論を見ると,租税回避の定義として「私法上の選択可能性を利用し,私的経済取引プロパーの見地からは合理的理由がないのに,通常用いられない法形式を選択することによって,結果的には意図した経済的目的ないし経済的成果を実現しながら,通常用いられる法形式に対応する課税要件の充足を免れ,もって税負担を減少させあるいは排除すること⑿」を大前提として議論している。その上で,租税法上の明文の規定がない限り租税回避の否認はできない,これが判例・通説となっている。しかし,この定義を前提とすると,「通常用いられない法形式」かどうか判断する必要が生じるが,複雑な取引が行われる今日,その(取引の異常性)判断は容易ではない。

BEPSの議論では,異常かどうかではなく,経済実態とかけ離れているかどうかが問題にされる。IBMやヤフーの租税回避事例は全て課税要件を充足した租税回避であり,「課税要件の充足免れ」ではない。つまり,我が国の定義はBEPSの議論と異なる独自のものとなっている⒀。

⑿ 金子宏『租税法(第23版)』(弘文堂,2019),135頁。

⒀ 森信茂樹「BEPSと租税回避への対応ー一般的否認規定(GAAR)の整備をー」ファイナンシャル・レビュー平成28年第1号,6頁。

(2)　我が国の議論の状況

IBM事件とヤフー事件が起き，前者は同族会社についての法人税法132条，後者は組織再編についての132条の2という租税回避否認規定の適用の是非が争われた事件である。

重要な点は，法律上否認の根拠があるケースにもかかわらず，「法人税の負担を不当に減少させる」という不確定概念の解釈が問題となったということである[(14)]。それぞれ確定した判決が出ているのだが，否認の根拠となった条文である132条と132条の2の「不当」の解釈をめぐって，異なる判示がなされている。132条の「不当」は，これまでの裁判例に従いつつ，「純経済人の行為として不自然･不合理な行為」とされている。一方，132条の2の「不当」について最高裁は，「法人の行為，又は計算が，組織再編成に関する税制に係わる各規定を租税回避の手段として濫用することにより法人税の負担を減少させるものであることをいうと解すべきである」と判示した。

両規定は，制定時期も経緯も異なるものだが，同じ文言について異なる解釈が行われたことは，取引に対する課税の不確実性・法的安定性が問われることになる。つまり，法律の否認規定が存在する場合においても，その要件の解釈をめぐって裁判所の判断が異なり，法的安定性が損なわれているといえよう[(15)]。ヤフー判決では「規定の趣旨・目的」を問うているが，これを一般的に拡大することに対して経済界から，納税者にとって法の趣旨・目的を知ることは必ずしも容易なことではなく，予見可能性や法的安定性が害されるという批判が行われている[(16)]。

---

(14)　森信茂樹「BEPSと租税回避への対応－一般的否認規定（GAAR）の整備を－」ファイナンシャル・レビュー平成28年第1号，10頁。

(15)　森信茂樹「BEPSと租税回避への対応－一般的否認規定（GAAR）の整備を－」ファイナンシャル・レビュー平成28年第1号，10頁。

(16)　森信茂樹「BEPSと租税回避への対応－一般的否認規定（GAAR）の整備を－」ファイナンシャル・レビュー平成28年第1号，10頁。

⑶ GAAR必要論[17]

このような混乱は，我が国に，租税回避の要件を明確にした租税回避否認規定がないことがその原因であるといえよう。そこで，これらの点を考慮した一般的否認規定を整備して立法的解決を図る必要がある。その際留意すべきは，現行の個別否認規定の適用基準などには不透明性があり租税法律主義の観点から大きな問題があるとの反論があることから，具体的な基準を明確にした一般的な否認規定を設けることにより，課税の透明性・予見可能性を向上させることが重要なポイントとなる。

第１に，税負担の公平性である。税制における最も重要な価値観は，公平性であるが，個別否認規定による対応では法令改正に時間がかかり，また新たなスキームには対応できない（さらには遡及することも困難である）こと，さらには個別否認規定の創設により税制がますます複雑になることで，課税の公平性の観点から問題がある。また，行き過ぎた租税回避を防止すること，あるいはその機能・手段をもつことは，正直者が馬鹿を見るという納税道義問題への対処として当然といえよう。これは，抑止力としてのGAARの必要論である。

第２に，経済取引の予見可能性や法的安定性の確保・向上である。最近のIBM事件やヤフー事件をめぐる判例を見ると，同じ法律文言の解釈が異なるなど，経済取引の予見可能性や法的安定性が大きく低下しているので，何らかの立法的解決によりこれらを高める必要がある。

第３に，企業の競争条件の公平化が挙げられる。米国多国籍IT企業の租税回避行動を目の当たりにすると，税負担という点で，同じ事業を行う我が国企業とは競争条件が大きく異なっていることに気づく。Ｇ７諸国で一般的否認規定を導入していないのは我が国だけであり，我が国の租税回避への対応の現状は，我が国企業と我が国で活動する米国等外国企業との間の競争条件の問題を生じさせており，その対応が必要である。

第４に，最も重要なことだが，税収確保，とりわけ国境を越えた租税回避について，主権国家として税源を確保するという視点である。とりわけリーマン

⒄ 森信茂樹「BEPSと租税回避への対応－－一般的否認規定（GAAR）の整備を－」ファイナンシャル・レビュー平成28年第１号，10～12頁。

ショック後の先進諸国は，財政赤字に悩まされているが，税収確保の観点から，租税回避行為に対して厳しく対応する必要性が高まっている。

これに対するGAAR導入の反対論としては，権限の濫用により経済活動にオーバーキルが生じる。否認基準を作れば，それを超える回避行為を助長することになる。それらの問題点を乗り越える工夫をしつつ導入をすることは不可能ではない(18)。GAAR反対の最大の論拠は，税制当局の裁量範囲の拡大，国税権限の強化への懸念である。我が国での検討に当たっては，要件の明確化，ガイダンスの整備だけでなく，このような工夫をして，国税裁量権の拡大への懸念を払拭する必要があると考えられる(19)。

2. 一般的租税回避否認規定の導入の検討

租税回避の問題は，現在OECDでBEPSへの対応が議論されている通り，世界各国で問題とされている。しかし，我が国では，租税回避の議論が避けられる傾向にあり，世界的に見て，立法も判例も立ち遅れているのではないかとの懸念がある。

我が国の租税回避の議論において，通説による租税回避の定義か適用対象を限定していることや租税回避と節税を区別する基準として機能しないことなどの問題点があり，また，同族会社の行為計算否認規定などの立法も不十分であり，さらに判例法規にも限界がある。

一方，G８各国は，租税回避の疑いのある取引の開示義務を課したり，一般否認規定を制定したり，さらに，判例法理も一定の発展が見られ，特に欧州では，租税回避は，租税法規の濫用であり，法の濫用（abuse of law）であるとの法理の発展が見られるところである。一般否認規定について見ると，G８諸国では，米国が2010年に確認的な一般否認規定を制定し，英国が2013年に一般否認規定を導入したことが注目されるところである。

このようにG８の各国の租税回避への対応状況を検討すると，租税回避に対

---

(18)　森信茂樹「BEPSと租税回避への対応－一般的否認規定（GAAR）の整備を－」ファイナンシャル・レビュー平成28年第1号，12頁。

(19)　森信茂樹「BEPSと租税回避への対応－一般的否認規定（GAAR）の整備を－」ファイナンシャル・レビュー平成28年第1号，14頁。

する我が国の対応は立ち遅れていると言わざるを得ず，まず，租税回避の本質が租税法規の濫用であること出発点とした上，我が国も，G 8諸国の立法等を参考にして，今後，合理的な一般否認規定の立法を検討すべきと考える。

(1) OECD 行動計画で共通の GAAR を確立する可能性(20)

OECD 行動計画では，GAAR の導入について，EU 行動計画と同様に前向きの議論を展開するであろうか。日本は，昭和 36 年に国税通則法改正において GAAR の導入を潰して以後，これを認めると，税務当局の恣意的な課税が行われるのではないかというまことしやかな議論によって，導入の機運を削がれてきたが，米英のようなコモンローの Judical GAAR がなく，成分法の GAAR もない国として，近隣諸国とも異なり，先進国においても異なる存在になっている。

日本のみが GAAR の適用について税務当局を信頼できないというこれまでの国内の通説を対外的に言い続けることは賢明な姿勢とはいえないであろう。日本においても，これまでの通説を謙虚に見直すべき時期を迎えている。

(2) 一般的否認規定導入の検討

日本では学説も実務家もこれまではGAARの導入について否定的であり，諸外国に比してその研究も遅れているが，GAAR の導入について EU の勧告，OECD の国際協調の路線から，GAAR の導入について，鈴木久志教授「租税回避行為の否認についての一考察－我が国への租税法へ一般的租税回避否認規定を導入することの必要性を中心にー」（税務大学校論叢 94 号(21)）の見解を参考に，以下の通りまとめる。

① 一般的否認規定の導入の要否

鈴木久志教授は，いかに迅速に個別的否認規定を設けたとしても，新たなタイプの租税回避否認には対応できないのであり，租税回避事案で，回避された税額一千億円単位に上回るものも散見されているという我が国の現状を見る限

---

(20) 本庄資・田井良夫・関口博久『国際租税法－概論－（第 4 版）』（大蔵財務協会，2018），301 ～ 302 頁。

(21) 鈴木久志「租税回避行為の否認についての一考察－我が国への租税法へ一般的租税回避否認規定を導入することの必要性を中心にー」税務大学校論叢 94 号，4 ～ 10 頁。

り，個別的否認規定による対応で十分に「租税負担公平主義」の確保が図られているとは言い難い状況になっているのではないかと述べている(22)。さらに，国際的な観点からすると，BEPSへの対応など，国際的な協調という観点から見た場合に，クロスボーダーのアグレッシブなタックス・プランニングに対抗するためには，各国が税制の上で協調する必要があり，各国の国内法に一般的否認規定が整備される必要が生ずるといった議論があると述べている(23)。

② 一般的否認規定の導入の提言

対象税目は，各国のGAARを見ると，対象税目を限定しているものもあり，我が国においても，所得税，法人税及び相続税といった現行の法令において同族会社等の行為計算の否認規定が置かれているような税目に絞るということも考えられる。しかしながら，租税回避行為がそのような税目に限って行われるとは限らないことから，基本的に税目を限定する必要はないかと考える(24)。

適用基準については，各国のGAARの適用基準を大別すると，判断基準を事業目的の有無に求め，租税利益を得ることを唯一又は主要な目的とした取引等が行われた場合に否認規定が発動することとする「事業目的基準」によるものと，判断基準を租税法規の濫用の有無に求め，租税法規の趣旨・目的に反して租税利益が享受されている場合に否認定が発動することとする「濫用基準」によるものとに区別される(25)。

---

(22) 鈴木久志「租税回避行為の否認についての一考察－我が国への租税法へ一般的租税回避否認規定を導入することの必要性を中心に－」税務大学校論叢94号，7頁。

(23) 鈴木久志「租税回避行為の否認についての一考察－我が国への租税法へ一般的租税回避否認規定を導入することの必要性を中心に－」税務大学校論叢94号，9頁。

(24) 鈴木久志「租税回避行為の否認についての一考察－我が国への租税法へ一般的租税回避否認規定を導入することの必要性を中心に－」税務大学校論叢94号，9頁。

(25) 今村隆教授は，「一般否認規定は，その適用対象や適用基準で分類すると，まず，適用対象の広狭でみたとき，段階的取引のような取引に絞っているもの（段階的取引否認型）とそれ以外の取引をも包括的に対象としているもの（包括否認型）とに分けることができる。さらに，適用対象が広汎な包括型の場合，否認する基準として，①取引の異常性を基準としているもの（異常性基準），②取引が濫用に当たるか否かを基準としているもの（濫用基準），③取引における事業目的（business purpose）の有無を基準としているもの（事業目的基準）に分けることができる。」と述べている。今村隆「租税回避の意義とG8各国の対応」ファイナンシャル・レビュー平成28年第1号，34頁。

鈴木久志教授は,「租税回避行為について，一般的な否認規定を設けるとするならば,現行の行為計算否認規定でも用いられている『不当に減少させる結果』となる場合に発動するという規定概念が馴染みやすく，受け入れやすいのではないかと考える[26]。」と述べ,「この場合の『不当』性の判断基準としては，ヤフー最高裁判が示したような濫用基準が受け入れやすいのではないかと考えられ，我が国に導入すべきGAARは，濫用基準をベースにしたものとすべきではないかと考える。[27]」と述べている。

上記の検討は，非常に有益なものであると考える。

ヤフー事件において,132条の2の「不当」について最高裁は,「法人の行為,又は計算が，組織再編成に関する税制に係わる各規定を租税回避の手段として濫用することにより法人税の負担を減少させるものであることをいうと解すべきである」と判示しており，税法上の「不当」を，裁判所では「濫用」と同義に扱っている。このように考えれば,「濫用基準」をベースに，一般的否認規定導入の検討をしても良いのではないかと考える。

3. 小括

本節では，BEPSと租税回避事例を検討し，GAARの必要論及び一般的否認規定の導入の検討をした。昭和37年の一般的否認規定の導入が我が国で見送られた理由は，抽象的な表現による規定の解釈問題，税務当局による恣意的拡大的解釈に委ねることになって，納税者の正当な権利利益を擁護するには大きな不安が生じるためだと言われている。

一般的否認規定導入をしていない我が国は，租税回避行為に対して，個別的租税回避否認規定及び包括的否認規定により，これまで対応してきている。

我が国が一般的否認規定の導入を検討するに当たり，税理士会では，課税要件が不明確で租税法律主義の有する法的安定性・予測可能性を害するおそれがあること，行政による裁量権拡大のおそれがあること等が心配されている。行

---

(26) 鈴木久志「租税回避行為の否認についての一考察－我が国の租税法へ一般的租税回避否認規定を導入することの必要性を中心に－」税務大学校論叢94号，10頁。

(27) 鈴木久志「租税回避行為の否認についての一考察－我が国の租税法へ一般的租税回避否認規定を導入することの必要性を中心に－」税務大学校論叢94号，10頁。

政による裁量権の拡大を抑制するためには，第三者機関の設置及び立証責任の配分の考慮などと合わせて検討していく必要があろう。

次節では，タックス・シェルターと義務的開示制度について検討する。

第3節　タックス・シェルターと義務的開示制度（MDR:Mandatory Disclosure Rules）

本節では，GAARの補強策又はGAARの代替策としていくつかの国で導入済みとなっている，タックス・シェルターと義務的開示制度について検討する。

1．GAARの補強策，代替策としての租税回避商品の開示，登録制度

(1)　タックス・シェルターの目的[28]

この制度の目的は，租税回避を抑制するとともに，実際に行われている微税国選スキームに速やかに対処するため，租税同避商品の開発，販売等に従事する者（いわゆるプロモーター）及びそれらの商品を購入した者（投資家）に対し，税務当局に報告，関示を義務付けようとするものである。具体的には，税務当局が租税回避に当たると考えるスキームの類型についてあらかじめ公表し，それらのスキームのプロモーター及び投資家に当却への報告を求めるというものである。その際，プロモーターは顧客リストの開示も合わせて行うこととなる。

また，投資家は，利用したスキームの内容について開示することとなる。なお，開示義務違反に対しては罰則が適用されるのが一般的となっている。開示の対象となるスキームをどのような形で決定するかは国によって差があるが，一般的には，成功報酬を伴う取引，守秘義務条項が付された取引等が対象とされている。

なお，米国では，この制度の実施状況を評価するため，議会の会計検査院（GAO）による実態調査がなされその結果が公表されている。

---

(28)　川田剛「GAARの補強策，代替策としての租税回避商品の開示，登録制度」フィナンシャル・レビュー平成28年第1号，70頁。

⑵ 米国の濫用的タックス・シェルターの現状[29]

米国においては，1960年代から個人用の濫用的タックス・シェルターが見受けられ，これに対して1980年代半ばまでに税制改正を重ね，アット・リスク・ルールや受動的損失ルールなどの制度の創設など積極的な法的対抗策を講じることで一定の成果が認められたところである。

しかし，1990年代からは法人用の濫用的タックス・シェルター主流となり，この法人用タックス・シェルターは形態が多様でスキームが複雑であり，いわゆるオーダーメイド型のスキームによる者が多い。米国のタックス・シェルターへの取組みを参考としつつ，我が国においてタックス・シェルター等の濫用的租税回避に対して，制度的な方策を含め，どのように対応すべきかについて検討を行うものである。

IRSは濫用的タックス・シェルターの個別事案に関し，個々の実施調査により是正だけではIRSは濫用の資源的限界があることから，これらの濫用的取引に参加した納税者に対し，インターネット等を通じて広く，自主的に開示を行えばこれに係わる罰則金を支払わなくても良いとする和解案を提示，多数の納税者がこのIRSの和解案による修正申告に応じることでの効率的な取組みの実施に努めている。

⑶ 米国及び我が国のタックス・シェルターの変遷等[30]

タックス・シェルターの変遷等を見てみると，タックス・シェルター先進国の米国においては，1980年代の終わりごろまでは個人用タックス・シェルターが主流であったが，1990年頃から法人用タックス・シェルターに移行してきている。法人用タックス・シェルターは，形態が多様でスキームが複雑であり，いわゆるオーダーメイド型のスキームによるものが多い。近年はKPMGやプライスウォーターハウス・クーバースなどの大手の会計事務所もタックス・シェルターによる成功報酬を受け取っており，米国税制において極めて大きな問題となっている。米国連邦議会も大きな関心をもっており，濫用的タックス・シェルターに係る法改正については素早い対応がなされてきている。

㉙ 居波邦泰「タックス・シェルターに対する税務行政のあり方－日本版LLPへの対応を考慮にいれて－」税務大学校論叢52号，426～439頁。

㉚ 本庄資『タックス・シェルター事例研究』（税務経理研究会，2004），49頁。

なお，米国におけるタックス・シェルターの抑制のための税制改革について見てみると，以下のように積極的に制度改正が行われている状況である。

① 1969年税制改正

ミニマム・タックスの導入等

② 1976年税制改正

アット・リスク・ルールの導入，ミニマム・タックスの強化，農業タックス・シェルターの制限，各種費用の資産化（特に前払利子の資産化），投資利子控除制限

③ 1978年税制改正

アット・リスク・ルールの適用拡大によるレバレッジド・リースの抑制

④ 1981年税制改正

投資税額控除へのアット・リスク・ルールの適用拡大，ストラドル取引の防止措置

⑤ 1982年税制改正

個人に対する15%のミニマム・タックスの導入に代えて20%の代替ミニマム・タックスの導入，濫用的タックス・シェルターのペナルティの強化

⑥ 1984年税制改正

経済的パフォーマンス・ルールの導入，タックス・シェルターの開示（登録）義務及び投資家リスト保存義務の制定

⑦ 1986年税制改正

法人に対する代替ミニマム・タックスの導入，投資利子控除制限，タックス・シェルター関連義務違反の強化，受動的損失ルールの創設

(4) 行き過ぎた租税回避スキームの開示，登録制度の導入に向けての要検討事項

川田剛教授は，「GAARの補強策，代替策としての租税回避商品の開示，登録制度」フィナンシャル・レビュー平成28年第1号で，行き過ぎた租税回避スキームの開示制度を導入する場合，少なくとも以下のような事項についての検討が必要となろうと述べており[31]，BEPS行動計画12最終報告書とあわせて，

---

(31) 川田剛「GAARの補強策，代替策としての租税回避商品の開示，登録制度」フィナンシャル・レビュー平成28年第1号，100～101頁。

以下検討する。

① 開示・登録制度を導入する目的をどの程度明確化すべきか，(特にスキームの早期把握と法改正への結びつきについて)……英国ではその旨をHMRCのホームページ（Disclosureof Tax Avoidance Schemes）で明らかにしている。また，BEPS行動計画12でも，情報を早期に入手することにより，調査や法改正を通じて，税務上のリスクに早急に対応する機会を得ることができるとしている。

↓

BEPS行動計画12最終報告書では，MDRの目的は，納税義務者によるスキームの加入を抑止することと，開示することにより租税回避市場へ圧力をかけることがあるとされている。

② 開示・登録をしたからといって，課税庁がそれらの行為又は取引にOKを出したわけではない旨を明記するか否か……例えば米国のReg. 1.6011-4(a))，英国でもパンフレット等でその旨を明記している。

↓

BEPS行動計画12最終報告書では，税務当局に租税スキームを開示した場合，これを是認されたことではなく，また，調査対象外とすることでもないとしている。

③ 要開示・報告スキームの範囲をどうするか

米国の指定リストアップ取引，英国のホールマークのようなものを我が国でも導入するのか。この点については，BEPS行動計画12でもそうすべしとしている。

↓

一般基準である「守秘義務を課す基準」及び「標準化された取決め」は，プロモーターが多数の者に販売するスキームを照準とし，特定基準は，損失を利用するスキーム，リース取引，所得変換スキームのようなリスクの高い取引を照準としている（BEPS行動計画12最終報告書パラ118)。

④ 典型的租税回避事例を指定するか。その場合に範囲をとこまでにするか……米国では36種類，英国では8種類を指定している。また，BEPSでも同様の提言がなされているが，我が国の場合そのようことが可能か。

↓

米国型の取引重視アプローチは，納税義務者とプロモーターの双方に開示責任を負わせる方式で，特定基準を参考にする。また，英国・アイルランド型のプロモーター重視アプローチは，プロモーターに主たる開示責任を負わせる方式で，租税計画の立案と，一般基準を参考にして，租税がスキームの主たる便益となる仕組み取引を報告することに制限するものである。いずれも実際には，大きな差がないことから，報告書の勧告は，全ての方式に共通するとされている（BEPS行動計画12最終報告書パラ57・58）。

⑤　指定取引とそれ例外とでペナルティ等に差を設けるべきか

米国ではGAOの提言で指定取引とそれ以外で差を設けるべきでないとの指摘もあり。

↓

BEPS行動計画12最終報告書では，開示をしなかった場合，一般的に罰則が科されるとされている。

⑥　誰に開示・報告義務を負わせるか（特にプロモーター等が海外の場合）。ちなみに，米国や英国では次のような者に開示，登録義務を課している。

・スキームの考案者・開発者（それらの者が海外の場合どうするか）。

・スキームに対して税務上の見解を示した者（アドバイスの内容等によって差を設けるべきか），販売者（プロモーター），仲介者（紹介者），購入者その他（例えば申告書を作成した者，自分自身でスキームを考案した等）。

↓

BEPS行動計画12最終報告書では，プロモーターの定義を，「租税回避スキームの設計，販売，組織化そして管理に関する者」とし，プロモーターの定義には「租税回避スキームの設計等に対して重要な援助等をする者を含めることが可能」とされている。

⑦　スキームにかかる開示・報告義務違反への対処

開示義務不履行等に対するペナルティ（秩序罰）制度を導入するか。

もし導入するとしたら，どの程度のものとするのが相当なのか。

また，次の点についてどのように考えるべきか。

・既存の秩序間とのバランスとの関係をどうするか（国外財調書）。

・プロモーター等と単なる投資家との間で差を設けるべきか，もし設けるとしたらどの程度の差にすべきか。

・プロモーター等が税務専門家の場合，税務業務禁止等を含む懲戒処分の対象とするか。

・そうした場合，他のプロモーター（特に無資格者）とのバランスをどうするか。

↓

MDR を導入する場合，最初に「一段階アプローチ」と「多段階アプローチ」のいずれかを選択し，次に，一般基準と特定基準を混合させることが勧告されている。一般基準は，「顧客に守秘義務を課した基準」と「成功報酬の基準」を必須とし，「標準化された取決め」を付け加えることが可能とされている（BEPS 行動計画 12 最終報告書パラ 135）。

⑧ スキームを利用した結果過少申告となった場合におけるペナルティの引上げと受斥期間（時効）の延長

↓

BEPS 行動計画 12 最終報告書では，開示時期は，開示義務者により異なるが，原則として，その目的達成が基準となる一定期間としており，また，開示された情報の処理方法として，税務当局は，報告された情報を租税回避防止措置の改善のために利用するとしている。

2．BEPS 最終報告（行動 12）義務的開示制度

OECD は，2015 年 10 月 5 日，BEPS プロジェクトにおける 15 の行動計画に関する最終パッケージを公表している。行動 12 については，下記のようにまとめられている[32]。

(1) 行動 12 の背景と最終報告書の構成

税務当局が直面している重要な問題のひとつとして，租税回避をもたらし得るタックス・プランニングに関する適切な情報をタイムリーに入手することが

(32) 本庄資「（仮訳）義務的開示ルール行動 12」2015 年最終報告書」租税研究 2016 年 12 月号。

困難であることが，BEPSプロジェクトにおいて認識された。

そこで，行動12では，すでに義務的開示制度を有する国々（アメリカ，イギリス，カナダ，アイルランド，イスラエル，韓国，ポルトガル，南アフリカ）の制度を検討し，これを踏まえ，勧告がとりまとめられた。

行動12の最終報告書では，まず，義務的開示制度の目的と制度の設計に当たり考慮すべき原則について，以下の点を確認している。

① 義務的開示制度の目的

・租税回避スキーム情報の早期入手

・スキーム，スキームのユーザー及びプロモーターの特定

・租税回避スキームの推進や使用を減らすための抑止力としての役割

② 義務的開示制度の設計原則

・明確で理解しやすいものであること。

・納税者の事務負担の増加と税務当局が得られる便益とのバランスがとれていること。

・意図した政策目的の達成のために有益であり，正確に関連スキームを特定するものであること。

・集められた情報が効果的に使用されるものであること。

そして，義務的開示ルール（モデル）について，以下の7つの項目に対して複数のオプション等を示し，各国がそれぞれの法体系に適したオプション等を組み合わせて制度設計することを勧告している。

1．開示義務者

2．開示対象取引を特定する方法

3．開示対象取引を特定する基準

4．開示時期

5．ユーザーの特定

6．遵守・不遵守の効果

7．手続/税務行政に関する項目

また，国際的租税スキームに関する義務的開示ルールの設計において考慮すべきこととして，いくつかの項目が指摘されている。

Option Bの閾値テストについて，その最も一般的なものとして，税務上の利

益がその取引を行うことの主要なベネフィットのひとつであるか否かを判定する，主要ベネフィットテスト（Main benefit test）が紹介されている。

⑵　国際的租税スキームに関する義務的開示ルール

また，国際的租税スキームに関する義務的開示ルールの設計において考慮すべきこととして，以下の点が示されている。

クロスボーダー取引に関する義務的開示ルールには，閾値テストは不要である。

クロスボーダー取引の節税効果を特定する新しい基準を設定すべきである（例えば，同一の資産の減価償却が2ヵ国以上で計上されるもの，グループ内の支払いで，受取側において課税されないもの）。

クロスボーダー取引は，それが国内納税者に対し直接的に節税効果をもたらすものでない場合であっても，その国内納税者が関与するものである限り，規模の大きなものは開示対象取引とすべきである。過度の負担を避けるため，開示情報は開示義務者が合理的に知り得るものに限るべきである。

納税者は，グループのメンバーと課税関係に重要な影響を及ぼす取引を始める場合には，それらのグループメンバーにその取引がクロスボーダー取引の節税効果をもたらすものか否か確認すべきである。

上記の場合において，守秘義務等の問題により，その情報が入手できないときは，その旨を課税当局に通知すべきである。各国は開示義務者を誰にするのか（納税者か，プロモーターか，両方か）定めるべきである。

プロモーターに開示義務を課す場合には，節税効果の内容等を理解していないアドバイザー等ではなく，重要な役割を担うアドバイザー等に開示義務を課すべきである。

開示項目は，国内取引に係る開示項目と同様とすべきである。

3．小括

BEPSプロジェクトの勧告を踏まえ，過剰な国際的な節税策への対応として，租税回避を主たる目的とする取引を適正な取引に引き直して課税を行うGAARを導入すべきとの意見があることは前述した。しかし，GAARは，その規定の性格上，表現が抽象的にならざるを得ず，そのため，納税者の予測可能性を害し，課税庁による拡大的，恣意的解釈を招くおそれもあると一般的に言われている。租税法律主義の観点からは，こうした規定は導入すべきではなく，個別要件規定を必要に応じて立法化していくことで解決すべきであると主張する専門家も多数いる。

また，義務的開示制度については，租税法律主義に基づく我が国の税法体系との整合性を踏まえつつ，その導入の是非を慎重に検討し，仮に導入する場合には納税者に過度な事務負担を与えない制度とすべきであると日本税理士会連合会の意見もある(33)。

義務的開示制度を我が国に導入する場合，米国のタックス・シェルターが参考になるであろう。導入する場合には，「報告すべき取引は何か」，「定義はどうするか」や「ペナルティはどうするか」などの問題が山積みである。これらについては，今後の議論を深めていく必要である。

なお，我が国のタックス・シェルター登録・開示・資料保存制度の「報告すべき取引」の選定には，国税庁の「事前照会に対する文書回答（アドバンス・ルーリング）」，「移転価格税制の適用に当たっての参考事例集」，「外国子会社合算税制に関するQ&A」などを参考に運用するのが望ましいのではないかと考える。

結論

本章においては，租税回避の意義について整理し，租税回避とBEPSの関係を検討し，一般的租税回避否認規定の必要性及び義務的開示制度を研究した。

BEPS問題を踏まえ，過剰な国際的な節税策への対応として，租税回避を主たる目的とする取引を適正な取引に引き直して課税を行うGAARを導入すべきとの意見がある。

しかし，GAARは，その規定の性格上，表現が抽象的にならざるを得ず，そのため，納税者の予測可能性を害し，課税庁による拡大的，恣意的解釈を招くおそれもある。租税法律主義の観点からは，こうした規定は導入すべきではなく，個別要件規定を必要に応じて立法化していくことで解決すべきであると言

(33)　日本税理士会連合会「令和２年度税制改正に関する建議書」2019年９頁。

う意見もある(34)。

また，租税回避スキームの開発販売者あるいは利用者に税務当局へのスキーム情報の開示を義務付ける「義務的開示制度」については，BEPS の勧告と，租税法律主義に基づく我が国の税法体系との整合性を踏まえつつ，その導入の是非を慎重に検討すべきであると考える。

個別的否認規定では，租税回避問題に対しては，事後的な対抗策となってしまい，GAAR では，内容が漠然としており，恣意的，拡大的解釈になるおそれがあることから，裁判が増え，限界もあるのではないかと思われる。それであれば，まずは BEPS 勧告を受け入れ，義務的開示制度を導入した方が良いのではないかと考える。

---

(34) 日本税理士会連合会「令和２年度税制改正に関する建議書」2019 年９頁。

索　引

英字

あ行

か行

さ行

た行

な行

は行

ま行

や行

ら行